Cessez de vous déprécier !

SE LIBÉRER DU SYNDROME DE L'IMPOSTEUR

Kévin Chassangre, Stacey Callahan

DUNOD

Dessins : Rachid Maraï

© Dunod, 2016
11 rue Paul Bert, 92240 Malakoff
www.dunod.com
ISBN 978-2-10-077716-7

Le Code de la propriété intellectuelle n'autorisant, aux termes de l'article L. 122-5, 2° et 3° a), d'une part, que les « copies ou reproductions strictement réservées à l'usage privé du copiste et non destinées à une utilisation collective » et, d'autre part, que les analyses et les courtes citations dans un but d'exemple et d'illustration, « toute représentation ou reproduction intégrale ou partielle faite sans le consentement de l'auteur ou de ses ayants droit ou ayants cause est illicite » (art. L. 122-4).

Cette représentation ou reproduction, par quelque procédé que ce soit, constituerait donc une contrefaçon sanctionnée par les articles L. 335-2 et suivants du Code de la propriété intellectuelle.

Sommaire

Introduction ... 7

1. Le syndrome de l'imposteur par ceux qui le vivent (bien?) ... 15
Qui sommes-nous? ... 15
C'est quoi le syndrome de l'imposteur? ... 22
Faisons un premier bilan ... 33
Mon cahier d'exercices: Je décris mon syndrome de l'imposteur ... 35

2. Mais d'où vient ce syndrome? ... 38
Alors... pourquoi je souffre du syndrome de l'imposteur? ... 38
Mes questions utiles ... 50
Et à l'âge adulte? ... 54
Pour conclure, nous sommes, finalement, humains... ... 55
Mon cahier d'exercices: Comprendre d'où vient mon syndrome de l'imposteur ... 59

3. « Bonjour, je m'appelle... et je suis un imposteur... » ... 63
« C'est grave docteur?... » ... 63
Être imposteur, mais pas partout ... 65

À quoi ressemble mon syndrome de l'imposteur ? 69
L'acceptation inconditionnelle de soi 75
Pour conclure : accepter son syndrome
de l'imposteur et s'accepter soi-même 80
Mon cahier d'exercices : Je mesure
mon syndrome de l'imposteur 82

4. La maison n'accepte pas l'échec : le paradoxe de la peur du succès 93

La peur de l'échec 93
Savoir relativiser le succès et l'échec 102
Ce qui intervient aussi dans la relation
entre succès et échec 108
Les bonnes pratiques 114
Pour conclure : oui, nous ne sommes que
des êtres humains ! 120
Mon cahier d'exercices : La maison
n'accepte pas l'échec 122

5. Reconnaissance... quand tu nous tiens ! 131

Je veux que l'on m'aime... 132
Je m'estime... (ou pas) 134
... ou plutôt je m'accepte
(de manière inconditionnelle) 138
Pour conclure : être reconnaissant
pour et par soi-même 153
Mon cahier d'exercices : Reconnaissance...
quand tu nous tiens moins ? 155

6. Être ou ne pas être… — 163
- Quelle est votre success story? — 164
- Mon carnet de réussites — 167
- « J'ai eu de la chance… » Oui, mais pas seulement! — 171
- « OK, c'est bien, mais comparé à… » — 186
- Pour conclure: alors, pas si imposteur que ça? — 194
- Mon cahier d'exercices: Être ou ne pas être… — 196

7. Je procrastinerai demain… — 205
- Qu'est-ce que le cycle de l'imposteur? — 205
- En amont du cycle: mieux anticiper — 210
- Pendant le cycle: gérer les comportements à problèmes — 223
- Après le cycle: ne plus se dévaloriser — 239
- Pour conclure: rompez… le cycle! — 249
- Mon cahier d'exercices: Rompre le cycle de l'imposteur — 252

8. Consolider mes nouveaux acquis face au syndrome de l'imposteur — 265
- Maintenant, observons le masque — 266
- Que se passe-t-il après? — 283
- Un peu d'aide? — 290
- Mon cahier d'exercices: Consolider mes nouveaux acquis face au syndrome de l'imposteur — 297

Conclusion — 311
Bibliographie — 317

Introduction

Avant de commencer, voici quelques points importants à lire avec attention !

> « En lisant et en écoutant les gens, je me suis rendu compte de la diversité des comportements, situations et circonstances qui conduisaient au sentiment d'imposture ou le dévoilaient.
> Telle femme qui, après d'autres, m'avait parlé de sa difficulté à se sentir féminine (quand je la trouvais, moi, absolument féminine) – *sentiment d'imposture*.
> Tel homme qui se présentait comme un conformiste parfait, ne rêvant que de ressembler à tout le monde, d'être absolument normal, banal – *sentiment d'imposture*.
> Et celui-ci qui se sentait toujours en faute et prêt à dégainer ses papiers d'identité, celui-là qui ne se croyait jamais digne de l'amour qu'il recevait, cette secrétaire, ce prof, cette monteuse, cet analyste, ce parent – *sentiment d'imposture*. »
> (Belinda Cannone, *Le Sentiment d'Imposture*.)

À ce jour, le syndrome de l'imposteur est un syndrome peu connu, parfois même peu reconnu. Les personnes qui le manifestent ont plutôt tendance à le dissimuler qu'à le partager et il arrive souvent qu'il soit confondu avec une faible estime de soi, un haut degré de perfectionnisme ou une faible confiance en soi. Il y a de ça, certes, mais pas que ! Et peut-être vous en rendez-vous compte vous-même.

Pas toujours identifié à sa juste mesure, ce syndrome est pourtant assez répandu – en France comme ailleurs – et les personnes concernées ne sont pas forcément celles auxquelles nous aurions pensé. Voyez :

Emma de Caunes

« J'avais un sentiment d'imposture, qui est déjà lié au métier d'acteur. Quand – en plus – on est fils ou fille de, on a suffisamment de gens pour nous juger là-dessus et penser que, si on en est là, c'est juste grâce à nos parents. »

Kad Merad

« Au début, on ne croit pas à la chance qu'on vit. Le truc, c'est quand ça ne s'arrête pas et qu'on ne sent pas de baisse de rythme. Je dois beaucoup au film de Lioret mais je ne me suis pas dit alors : voilà, je suis un acteur ! Je reste dans le doute et la crainte qu'il n'y ait plus de scénarios pour moi. »

Emma Watson

« On dirait que plus je m'améliore, plus mon sentiment d'inadéquation augmente et je me dis : n'important quand, quelqu'un pourrait se rendre compte que je suis une totale imposture, et que je ne mérite rien de tout ce que j'ai fait. »

Antoine de Caunes

« J'ai toujours eu un profond sentiment de mystification. J'ai l'impression que les gens se trompent sur moi, qu'ils m'estiment assez compétent pour faire des choses qui me foutent une trouille terrible [...]. J'ai toujours peur que le pot aux roses soit découvert. »

Louise Bourgoin

« Je porte au fond de moi le complexe de ne pas venir du Conservatoire, mais de la télévision. Il y a des jours où, au fond de soi, on se dit : "Je suis une imposture." Ou des trucs horribles tels que : "Je suis de mauvaise naissance", ou "Je ne suis pas du bon milieu". »

Maya Angelou

« J'ai écrit onze livres, mais à chaque fois qu'il faut écrire sur une nouvelle page, je suis paralysée par l'idée d'être un écrivain dépassé et du passé ; que les gens réalisent enfin que je regarde un monde dans lequel je ne vis plus... »

Introduction

> **Kate Winslet**
>
> « Chaque matin, avant d'aller en tournage, je me dis, cette fois je ne suis plus dans le coup, je ne suis pas à la hauteur de mon rôle et tout le monde va s'en rendre compte. »

De tels ressentis peuvent induire une forte motivation comme de profondes souffrances psychologiques et une problématique importante pour le bien-être de chacun. Différents types de personnes présentent le syndrome de l'imposteur. Pour certaines d'entre elles, ce syndrome :

- ✓ leur permet d'avoir une forte implication dans leurs activités – pour prouver leurs compétences ;
- ✓ augmente leur motivation à réussir, leur réflexion, leur tendance à être consciencieuses – pour favoriser le succès ;
- ✓ favorise l'humilité – afin de garantir des interactions adaptées et éviter la prétention ou l'orgueil vis-à-vis de sa réussite ;
- ✓ les aide à se rassurer puisqu'elles sont valorisées ou estimées – en contradiction avec leur perception de soi.

> **Charlotte Gainsbourg**
>
> « Moi le côté imposteur je l'ai toujours eu et je l'aurai toujours. Parce qu'il n'y a rien sur lequel je puisse vraiment m'accrocher. Mais ça ne me gêne pas plus que ça, ce n'est pas de la fausse modestie. Je pense que j'aime bien aussi être un peu instable. »

Mais pour d'autres, le syndrome de l'imposteur peut se révéler... un vrai calvaire ! La souffrance qu'il provoque, ainsi que son impact sur la vie quotidienne, sont une motivation suffisante pour s'y intéresser et chercher à le surmonter.

Les chapitres qui suivent donneront une description précise de ce syndrome, dont voici un essai de définition.

> **Le syndrome de l'imposteur** a été identifié pour la première fois par Clance et Imes en 1978. Il se caractérise par un bon niveau de réussite ainsi que des signes extérieurs et objectifs de succès, qui ne sont pourtant pas intégrés par l'individu qui souffre d'un important malaise.
>
> *Qui est Pauline Rose Clance ?*
> Docteure en psychologie aux États-Unis, elle a été l'une des premières à décrire le syndrome de l'imposteur à la fin des années 1970.
> Elle avait remarqué les symptômes du syndrome de l'imposteur régulièrement :
> → chez les patients ;
> → chez ses collègues, surtout universitaires ;
> → mais aussi chez elle... !

Ce livre se fonde à la fois sur l'ouvrage de Clance (1992) qui décrit ce syndrome et des méthodes pour le surmonter, mais aussi sur les recherches en psychologie qui ont été effectuées dans ce domaine, pour proposer des exercices les plus pertinents possible. Plusieurs ouvrages sur lesquels nous avons pu nous appuyer sont présentés en bibliographie mais l'ensemble des auteurs et des études scientifiques qui ont servi de base à ce livre vous est présenté sur internet. Ainsi, afin de vous proposer un ouvrage utile et pratique, nous avons envisagé ce livre autour de deux axes principaux, qui allient de manière équilibrée théorie et pratique. Vous trouverez pour chaque chapitre :

- ✓ une première approche théorique des notions en lien avec le syndrome de l'imposteur pour mieux le comprendre et l'identifier ;
- ✓ ainsi que des exercices pratiques (auto-observation, exercices mentaux ou comportementaux) pour en surmonter les différents aspects.

Comment se servir des exercices ?

- → Les exercices présentés dans ce livre reflètent notre volonté que vous vous inscriviez de manière active dans la démarche entreprise pour surmonter votre syndrome de l'imposteur. Vous verrez que nous vous inciterons non seulement à vous observer vous-même, mais aussi à décrire, lister, répertorier, noter vos ressentis et les effets des différents exercices afin de personnaliser ce livre.
- → Au fur et à mesure, si vous souhaitez revenir en arrière, vous pourrez, sans aucun problème, évaluer vos progrès – quitte à refaire certains exercices. Il est important d'aller à votre rythme, bien que nous conseillions une certaine durée dans leur première réalisation (respecter tout de même le minimum requis car c'est la répétition des exercices qui permet de se les approprier et d'en noter les effets).
- → Nous vous proposerons régulièrement de faire des « bilans ». Cela nous paraît fort utile étant donné que le syndrome de l'imposteur est non seulement parfois ancré depuis longtemps mais peut aussi réapparaître à certaines périodes de la vie. L'utilité de se focaliser sur les bilans dans les moments de doute peut vous permettre de vous rendre compte que vous avez pu adopter des points de vue différents de ceux initialement filtrés par le syndrome de l'imposteur. Vous pourrez donc vous y référer lorsque vous le jugerez nécessaire pour asseoir vos nouveaux réflexes. Car, oui, c'est possible de le relativiser.
- → Les exercices sont présentés tout au long de chaque chapitre pour faire le lien avec la théorie, mais aussi présentés sous forme de cahier à la fin des chapitres correspondants pour pouvoir être réalisés à plusieurs reprises si vous le souhaitez, sans avoir à tout relire !

Le livre, divisé en huit chapitres, a pour objectif de vous présenter ce syndrome et de vous aider à vous en libérer. Nous vous conseillons le mode de lecture suivant.

Comment utiliser ce livre ?

→ Les trois premiers chapitres sont à suivre dans l'ordre pour poser les bases et bien identifier votre syndrome de l'imposteur.
→ Puis vous pourrez feuilleter les chapitres dans l'ordre que vous souhaitez en fonction des problématiques à travailler (que nous aurons ciblées dans les chapitres précédents). Néanmoins, certains exercices se regroupent ou se complètent bien qu'ils ne travaillent pas toujours les mêmes éléments.
→ Enfin, le dernier chapitre sert à consolider ce que vous aurez pu lire, apprendre, mettre en place tout au long de votre lecture. Nous vous conseillons aussi une lecture approfondie du chapitre 7 qui rend compte du cycle de l'imposteur que nous mettons en place de manière automatique.

Notre objectif est de vous permettre de surmonter ce syndrome au quotidien, par et pour vous-même, en agissant sur chacun de ses symptômes : il y en a six mais nous en avons regroupé certains pour des exercices communs. Nous avons axé ce travail, cette démarche personnelle, autour d'un concept qui s'inscrit de manière pertinente dans la relativisation du syndrome de l'imposteur : l'acceptation inconditionnelle de soi (nous vous décrirons cette notion tout au long du livre).

Pour ce faire, nous aborderons successivement :

✓ *Une description de ce qu'est le syndrome de l'imposteur* afin de vous en fournir les éléments clés.
✓ *Une présentation de sa mise en place,* qui peut remonter jusque très loin dans notre histoire en fonction d'un certain nombre de messages que nous aurons appris.
✓ *Votre propre identification personnelle de ce syndrome* afin de bien le mesurer et d'identifier ses manifestations : quels symptômes exprimez-vous au regard du syndrome de l'imposteur ?
✓ Des manières de surmonter un premier symptôme du syndrome de l'imposteur (bien qu'il s'agisse à la base de deux symptômes que nous avons regroupés) : *la peur de l'échec* et *la peur/culpa-*

bilité quant au succès (« si j'échoue, je serai démasqué(e) », « si je réussis, je me sens coupable car je ne suis pas à la hauteur », « j'ai peur de réussir du fait des implications »).
- ✓ Des moyens de relativiser *le besoin de reconnaissance* inhérent à ce syndrome, rendant compte d'un deuxième symptôme (« je dois être reconnu(e) coûte que coûte pour prouver ma valeur aux autres et ne pas être démasqué(e) »). Ce besoin peut se généraliser dans différents domaines de la vie, donnant lieu à ce qu'on appelle les *superwomen/supermen*, qui constitue un autre symptôme.
- ✓ Des outils pour favoriser une meilleure appréciation de vos réussites (passées et actuelles) pour prendre le contre-pied du *dénigrement des compétences* que l'on retrouve dans le syndrome de l'imposteur en tant que troisième symptôme (« j'ai réussi grâce à la chance ou mes relations ! C'est tout... »).
- ✓ Des méthodes pour adopter de nouvelles méthodes de travail et rompre *le cycle de l'imposteur* – un cercle vicieux qui alimente un faible sentiment d'efficacité personnelle et un profond doute quant à ses compétences ou ses qualités. Il s'agit du quatrième symptôme.
- ✓ *Des exercices de consolidation* de tout ce que vous aurez pu mettre en œuvre dans les chapitres précédents afin de favoriser l'adoption d'attitudes, de comportements et de réflexes de pensées plus adaptés.

Ce livre s'adresse à toutes les personnes qui se sentent concernées par la problématique du syndrome de l'imposteur, mais aussi à ceux qui souhaitent aider une personne de leur entourage qui en souffre. Les exercices que nous proposons peuvent aussi être utilisés dans le cadre d'un suivi psychothérapeutique afin de vous aider à mieux vous les approprier.

> ### Rassurez-vous !
>
> → Bien que nous l'appelions « syndrome », le syndrome de l'imposteur n'est pas en soi une pathologie ni une maladie. Il s'agit davantage d'un empêchement à l'expression de son véritable potentiel ou un obstacle au bien-être qu'une véritable maladie.
> → Lorsque nous parlons de « symptômes », c'est surtout pour définir les critères de manifestation que nous pouvons rencontrer lors de son expression.

Le doute est légitime. Douter ne fait pas de nous nécessairement des personnes présentant le syndrome de l'imposteur. La question est cependant d'identifier si le mal-être ressenti est bien la manifestation de ce syndrome et peut induire une souffrance chez la personne qui le manifeste. Il existe, à divers degrés et différentes intensités, bien que certains puissent en douter. Alors, où est la limite entre un questionnement légitime sur ses capacités et la conviction de ne pas être à sa place ? Selon nous, la limite est le bien-être de l'individu et le caractère entravant de ce syndrome sur son fonctionnement.

Le syndrome de l'imposteur peut, en réalité, se manifester en chacun de nous.

Albert Einstein

« L'estime exagérée dans laquelle on tient mon travail me met parfois très mal à l'aise. Il me semble quelquefois être un escroc malgré moi. »

Alors, si même Einstein a pu le ressentir et en témoigner, pourquoi pas nous ?

1
Le syndrome de l'imposteur par ceux qui le vivent (bien?)

> **Objectifs**
> → Connaître ce qu'est le syndrome de l'imposteur.
> → Identifier ces éléments dans votre cas personnel.
> → Mettre en mot votre ressenti.

Bonjour! Nous sommes ravis de voir que vous êtes intéressé(e) par le syndrome de l'imposteur et surtout décidé(e) à le surmonter. Afin de mieux poser les bases de ce livre et être entièrement transparents, nous allons commencer par nous présenter successivement pour ensuite vous décrire en quelques mots ce qu'est le syndrome de l'imposteur.

Qui sommes-nous?

Kévin Chassangre

Je suis Kévin Chassangre, psychologue à Toulouse. Auparavant, j'ai été étudiant, et notamment en master 1 où la question cette année-là était de choisir un thème de recherche sur lequel travailler. Dans ma longue quête d'une problématique pertinente et intéressante pour moi, je suis tombé par hasard (oui, le hasard fait bien les choses!) sur un article dans une revue de psychologie qui décrivait le syndrome de l'imposteur. Le choc! Je crois que j'ai tout de suite compris pourquoi j'ai toujours été mal à l'aise avec ma réussite, le regard des autres ou souvent anxieux, pourtant sans raison particulière. Je me doutais que j'avais une estime de soi plutôt faible mais ni mes lectures antérieures ni les exercices que je faisais ne m'aidaient vraiment à me débarrasser d'un sentiment parfois profond d'imposture. En réalité, je me suis entièrement retrouvé dans ce syndrome et j'ai été soulagé de voir que cela existait et de mettre un mot concret sur mon ressenti permanent. J'ai ainsi proposé à Stacey de bien vouloir m'encadrer dans cette première recherche. Et nous continuons encore dans le cadre de ma thèse.

Lorsque j'étais enfant, j'étais plutôt considéré comme **l'intellectuel de la famille** – intellectuel qui réussissait bien, certes, mais qui avait parfois peu de sens pratique. Aujourd'hui, j'ai toujours l'impression de ne pas être vraiment adapté ou à la hauteur, dans ma profession ou dans mes interactions sociales. En primaire, j'étais souvent le premier de la classe, j'ai eu mon brevet des collèges avant de le passer, j'ai eu d'excellentes notes au baccalauréat et j'ai très bien réussi mes études... Je ne cherche pas à me vanter car figurez-vous qu'au fond de moi, j'ai toujours eu ce besoin intense d'être rassuré. « Et si je redoublais en primaire? » « Et si on ne me donnait pas le brevet? » « Et s'il y avait eu une erreur dans mes notes au baccalauréat? » « Et si je n'avais finalement pas mon diplôme de psychologue? » Pour pallier ce type de croyance, j'ai toujours ressenti le **besoin d'être remarquable**, le meilleur, au-dessus des autres, pour être sûr d'avoir de l'attention de leur part et de prouver que j'étais capable.

Je dirai que j'ai souvent mis en place un **cycle de l'imposteur** durant mes études, notamment avec un travail frénétique, en considérant ensuite que mes efforts étaient démesurés comparés à ceux que les autres fournissaient. J'ai souvent une **peur du succès (avec certainement une peur de l'échec derrière)**, persuadé de ne pas être à la hauteur des nouvelles exigences qu'on va me demander, d'être trop mis en avant avec un risque toujours plus important de montrer mes lacunes. Aujourd'hui, je me dis souvent que l'ironie du sort va me rattraper : mes collègues finiront bien par se rendre compte un jour de mon incompétence – ce qui est un comble quand on travaille sur le syndrome de l'imposteur. Cela rejoint en réalité peut-être un **dénigrement de mes compétences**, bien qu'au fond je reste encore persuadé que les gens **se trompent toujours sur moi en m'estimant capable** de faire des choses pour lesquelles je ne me sens pas vraiment compétent ! À dire vrai, je me considère comme un imposteur et je me dis qu'un jour ou l'autre, **les gens finiront bien par se rendre compte qu'ils se sont trompés sur mon compte.**

Ce syndrome peut être pour moi source d'une grande anxiété ou de profondes remises en questions. Mais j'en parle autour de moi, à mes proches, à ma famille, à mes collègues. Partager ce secret est très bénéfique pour moi.

J'espère ainsi qu'au travers de ce livre, des notions que nous allons aborder et des exercices que nous allons vous proposer, vous pourrez commencer à relativiser ce syndrome de l'imposteur et à vous apprécier à votre juste valeur. Comme j'essaie de le faire, pour ma part, jour après jour.

Stacey Callahan

Je suis Stacey Callahan, professeure des Universités à l'université de Toulouse II – Jean-Jaurès. Je suis d'origine américaine, et je suis arrivée en France en 1992. En reprenant mes études en psychologie, j'ai été amené par la suite à devenir enseignant-chercheur. Quand Kevin est arrivé dans mon séminaire de master 1 avec son projet sur le syndrome de l'imposteur, il m'a prise de court. J'avais appris un peu sur ce syndrome aux États-Unis quand j'étais étudiante, mais ce n'était pas un domaine que je connaissais bien. Il ne m'est pas habituel d'accorder à un étudiant le droit de travailler sur un thème qui sort autant de mes compétences, mais Kevin a démontré une excellente maîtrise de ce syndrome, et il a proposé un projet qui remplissait toutes les conditions nécessaires pour un travail de recherche : originalité, faisabilité, cohérence théorique et méthodologie impeccable. L'avantage d'être professeur, c'est que nos étudiants nous apprennent beaucoup, surtout à la fin de leur cursus. J'ai beaucoup appris sur le syndrome de l'imposteur avec Kevin, notamment que j'en souffrais de différentes manières. Alors que j'avais identifié cette problématique chez certains patients, je ne m'étais jamais posé la question quant à mon positionnement par rapport à ce syndrome.

Je savais que je présentais un certain nombre des caractéristiques impliquées : **peur de l'échec**, **dénigrement des compétences**, **cycle de l'imposteur** et peut-être bien le **besoin d'être remarquable** (bien que cette dernière caractéristique semble affecter beaucoup de mes collègues alors que je ne suis pas certaine qu'il appartienne à une problématique de ce syndrome dans mon cas). Dans ma famille, j'étais **la fille « socialement » adaptée dans l'ombre d'un frère « brillant » intellectuellement**. Alors que j'ai eu de bons résultats pendant mon cursus, je n'ai jamais atteint le même niveau que mon frère. De plus, j'ai été régulièrement comparée à lui, surtout par les professeurs du lycée. Quelque part, j'avais accepté qu'il était, lui, « l'intelligent », et chaque fois que je réussissais dans mes études **je n'avais pas l'impression que je méritais être reconnue** pour mes succès.

Le plus amusant dans cette histoire, c'est que l'on m'a souvent dit, tout au long de ma jeunesse, que mon frère pourrait très bien être professeur. Personne n'a jamais fait la même réflexion pour moi avant l'âge de 27 ans. Ainsi, quand j'ai été nommé maître de conférences en 2001, puis professeure en 2005, j'avais l'impression **d'avoir trompé** un bon nombre de personnes. De même, depuis mes années à la faculté, **j'avais peur de l'échec.** Je ressentais cette peur surtout lors des examens et la remise des dossiers pendant mes études. J'étais souvent persuadée que mon travail n'était pas à la hauteur. Pourtant, mes notes étaient au moins convenables et j'ai réussi les soutenances importantes aux États-Unis ainsi qu'en France. Néanmoins, devant ces défis, j'ai manifesté un niveau très élevé de stress et d'anxiété, même si les échecs que j'avais connus étaient relativement rares. Aujourd'hui, en me posant des questions socratiques et en me basant sur la réalité concrète, j'ai pu constater que certaines de mes peurs étaient sans aucun fondement. En outre, j'ai pu intégrer une plus grande acceptation inconditionnelle de moi, ainsi que des autres, qui m'ont permis de vivre mieux à plusieurs niveaux.

Je dirai que l'on n'est probablement jamais totalement libéré du syndrome de l'imposteur. Kevin et d'autres collègues peuvent attester du fait que je rentre toujours dans le cycle de l'imposteur. C'est évident devant une tâche importante, quand je fais état d'une attitude de procrastination jusqu'au moment où je me motive et je travaille à fond avec un niveau d'activité excessif. D'ailleurs, même si j'accepte des compliments, je ne peux pas m'empêcher de reconnaître les contributions des autres. Ce n'est plus vraiment un dénigrement de compétences comme je l'avais manifesté autrefois, mais j'ai du mal à ne pas partager les éloges. Cela étant dit, il y a certainement des aspects du syndrome de l'imposteur qui sont plus raisonnables et ne donnent pas forcément lieu à une détresse importante s'ils sont dissociés des autres aspects du syndrome. Autrement dit, en se guérissant, on peut garder le meilleur et disposer du pire.

Maintenant que nous nous sommes présentés devant vous, nous voudrions que vous puissiez commencer par cela aussi. Nous aimerions que vous puissiez décrire qui vous êtes et comment vous en êtes venu(e) à vous intéresser à ce syndrome (le premier paragraphe de nos présentations).

Ma présentation

→ Qui suis-je ?

....
....
....
....

→ Comment suis-je venu(e) à m'intéresser au syndrome de l'imposteur ?

....
....
....
....

Suis-je (vraiment) un imposteur ?

Voyons maintenant à quel point vous êtes, véritablement, un imposteur avant d'entamer de manière plus approfondie une description de ce syndrome. Il nous semble important de bien différencier les imposteurs, les vrais, des personnes qui présentent le syndrome de l'imposteur – puisque ces dernières ont la conviction persistante d'être des imposteurs sans, pourtant, l'être vraiment.

> **Une différence entre imposteurs et « imposteurs » ?**
>
> → Le syndrome de l'imposteur ne réfère pas à un sentiment ou un comportement conscient de manipulation ou de tromperie.
> → Il concerne au contraire une personne qui a l'impression de tromper son entourage, qui croit ne pas être à la hauteur, qui craint d'être un jour démasquée en se considérant incompétente malgré ses capacités et ses succès.

Le tableau ci-dessous propose une comparaison entre réel imposteur et personne présentant le syndrome de l'imposteur. En vous basant sur ces deux descriptions – que nous retrouvons dans la littérature scientifique –, vous identifierez la problématique qui est réellement la vôtre.

> **Regard croisé sur les imposteurs**
>
> → **Consigne.** Dans le tableau suivant, vous trouverez : à gauche, une brève description du syndrome de l'imposteur ; à droite, des éléments décrivant les vrais imposteurs tels qu'on peut les rencontrer dans les médias ou la littérature.
> - Lisez attentivement ces descriptions.
> - Puis recopiez ce qui vous correspond.
> → **Durée.** Quelques minutes.

> **Objectifs**
> → Comparer votre ressenti en lien avec le syndrome de l'imposteur avec les vrais imposteurs.
> → Différencier votre syndrome de l'imposteur d'une imposture réelle.

Regard croisé sur les imposteurs

Syndrome de l'imposteur	Imposteurs manipulateurs	Et moi dans tout ça ?
« Je me sens nul (le), inférieur(e) aux autres. »	« Je suis le/la meilleur(e), je suis supérieur(e) aux autres. »	
« Je trompe les autres qui me surestiment ou me voient comme incompétent(e). »	« Je pense que les autres ne sont pas à ma hauteur. »	
« J'ai réussi parce que j'ai eu de la chance, je ne mérite pas mon succès et c'est de ma faute si j'échoue. »	« C'est grâce à moi et à mes compétences que j'ai réussi et ce sont les autres qui me font échouer. »	
« Je ne triche pas pour arriver à mes fins, au contraire, je me débrouille seul et je suis perfectionniste. »	« Les autres peuvent dire que je triche, et c'est vrai que je triche ou manipule, mais je ne le reconnais pas. »	
« Je suis certain(e) de ne pas pouvoir réussir ni de pouvoir répéter mon succès, il n'y a que des obstacles. »	« Je suis certain(e) de réussir, je pourrai même facilement vaincre les autres et je suis frustré(e) face aux obstacles. »	
« Je n'agis pas consciemment, certains comportements ou certaines pensées viennent automatiquement. »	« J'agis de manière délibérée, intentionnelle, sans tenir compte d'autrui. Je manque d'empathie. »	
« J'essaie de me protéger en baissant les standards et les attentes des autres. »	« J'essaie de me protéger en faisant tout ce qui pourrait me soutenir et m'aider, sans tenir compte des autres. C'est chacun pour soi. »	

Pouvez-vous affirmer maintenant que vous êtes un véritable imposteur ?

Abordons alors la question qui nous occupe : c'est quoi le syndrome de l'imposteur ?

C'est quoi le syndrome de l'imposteur ?

Catherine

« Je ne sais pas comment faire pour vivre avec cette espèce de sentiment profond d'illégitimité. Les gens me considèrent intelligente, cultivée. Mais c'est pour moi une image de façade, au fond ils ne savent pas que je suis complètement stupide et que je donne le change. »

Aurélie

« Quand j'étais petite, je n'étais pas très jolie. Aujourd'hui je suis mariée et j'ai deux enfants. J'ai conscience d'avoir changé. Mais je me dis au fond de moi que mon mari finira bien par se rendre compte que je ne suis pas si belle que ça, ni aussi belle que les autres. Et il remarquera que je suis une mauvaise mère. C'est sûr, il finira par me quitter. Je ne suis pas à la hauteur. »

Maxime

« Réussir c'est bien. Encore faut-il pouvoir le savourer. Je pense que j'ai eu de la chance pour arriver aussi loin en si peu de temps. C'est un concours de circonstances, en fait. Tout le monde semble me respecter au travail, pourtant je me sens complètement nul. Je m'attends tous les jours à voir débarquer mon boss pour me dire "on a trouvé qui est l'erreur. Vous êtes viré". »

Cassandra

« Je suis la première dans ma famille à avoir un doctorat. Je me sens un peu coupable. Mes parents et mon frère n'ont pas aussi bien réussi que moi et ils ne comprennent pas toujours bien pourquoi je fais ça. Je ne mérite pas tout ça, tous ces succès ça ne me correspond pas. Pourquoi ce serait moi à cette place et pas quelqu'un d'autre ? »

Toutes ces personnes décrivent ce que nous appelons le « syndrome de l'imposteur ». Dans ce chapitre, nous allons vous le présenter afin de mieux vous permettre de l'identifier. Nous vous proposons à la fois une présentation de ce syndrome et des exercices d'auto-observation pour vous situer au regard de ses caractéristiques. Cela vous permettra d'avoir des points précis sur lesquels travailler.

Le syndrome de l'imposteur reflète un profond manque de confiance en soi, d'estime de soi et d'acceptation de soi. Pour vous aider à l'identifier, retenez qu'il implique trois manifestations, que vous pouvez mémoriser de la façon suivante : IMP.

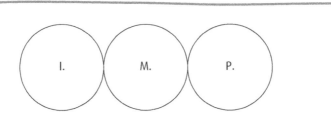

70 % de la population tendrait à douter un jour ou l'autre, ne serait-ce qu'une seule fois, de la légitimité de son statut ou de sa position actuelle. (Clance, 1992)

Donc, vous n'êtes pas la seule personne à manifester ce syndrome. Et c'est déjà un bon point de départ ! Mais voyons comment *vous* êtes concerné(e).

« Je trompe les autres... »

Le « I » réfère à l'impression de tromper son entourage, de porter un masque (voir chapitre 8). Il se présente comme une façade ou une présentation de soi qui ne serait pas en accord avec votre ressenti réel. Ce masque peut se retrouver dans différents domaines de la vie et concerner diverses qualités ou compétences :

✓ le domaine professionnel, étudiant ou scolaire ;

- ✓ l'environnement familial (en tant que parents, dans la fratrie, chez les enfants) ;
- ✓ les compétences sociales (communication, attitudes...) ;
- ✓ l'apparence physique ;
- ✓ les activités sportives ou de loisirs (musiques, théâtre, sport...), par exemple.

> **Carmen et le manque de confiance en soi**
>
> « J'ai l'impression que les gens **ne mesurent pas mes difficultés**. Mes amis, ma famille m'ont toujours vu réussir. J'ai toujours tout géré. Aujourd'hui, c'est très difficile pour moi dans mes études et je sens que je vais rater mon année si je ne m'y mets pas rapidement. J'ai l'impression que personne ne peut m'aider. Je n'ai jamais demandé quoi que ce soit, j'ai toujours tout pu gérer toute seule. Il y a deux mois, j'ai fait une crise d'angoisse, j'ai dû aller me cacher dans les toilettes pour que personne ne me voie. **Je n'en ai pas parlé à mes parents**, ils ne comprendraient pas. **Tout le monde m'admire.** J'en ai conscience. Mais personne ne connaît ce qui se cache dessous. Tout ce stress, ça devient insupportable. Est-ce que j'ai le droit de flancher ? J'ai toujours été au top. En fait, **c'est comme si je donnais l'image de quelqu'un qui sait tout faire alors qu'au fond j'ai toujours peur dans tout ce que je fais.** Je dois être la meilleure en équitation, mon professeur de musique a beaucoup d'espoir pour moi, mes amis comptent sur moi pour organiser nos révisions, l'association dans laquelle je suis bénévole me remercie sans cesse de mon investissement. Si les gens remarquaient à quel point je n'ai pas confiance en moi, ils me trouveraient ridicules. »

Comme Carmen, les personnes qui présentent le syndrome de l'imposteur pensent ainsi être surestimées par les autres (« tout le monde me considère comme capable alors que je suis nul(le) ») – ou au contraire être perçues aussi négativement qu'elles se perçoivent elles-mêmes (« je suis persuadé(e) que tout le monde se dit que je n'ai rien à faire ici étant donné que je suis nul(le) »). Elles manquent de confiance en elles, dans leurs compétences ou leurs qualités, et présentent une faible acceptation de soi malgré des signes et des indices objectifs de succès, de réussite ou d'intelligence.

Et vous dans tout cela ?

Afin de vous aider à mieux vous positionner, nous aimerions que vous vous posiez la question suivante : **Qui avez-vous l'impression de tromper ?**

Pour qui ai-je un masque ?

→ **Consigne.** Listez le nom des personnes qui seraient concernées, en mettant entre parenthèses le domaine qui leur est lié.
- Commencez bien par « Je pense… » ou « J'ai l'impression… ». Vous verrez en effet au fur et à mesure de ce livre qu'il est important de pouvoir différencier *votre* syndrome de l'imposteur des faits objectifs. Prenez votre temps. Il est important que la liste soit la plus précise possible.

→ **Durée.** Quelques minutes.

Objectifs
→ Mettre en mot votre ressenti d'imposture vis-à-vis des personnes que vous pensez tromper.
→ Identifier les domaines où le syndrome de l'imposteur a tendance à se manifester.

Pour qui ai-je un masque ?
- Exemple : Je pense tromper mes amis qui me voient intelligent(e) et compétent(e) (social, étude).

....
....
....
....
....

Vous pourrez vous référer à cette liste dans le chapitre 8, où nous vous proposerons des exercices pratiques sur cette notion.

« ... j'ai eu de la chance... »

Qui ne s'est jamais dit : « C'était un coup de chance ! », « Le hasard a bien fait les choses », « L'autre était sympa, c'est pour ça que... », « C'est grâce à mes relations », ou encore « Je pense qu'il y a une erreur quelque part » ? Vous peut-être, nous, c'est certain. Ainsi, le « M » de I.M.P. rend compte de ce que nous appelons une « mauvaise attribution ».

Les personnes qui présentent le syndrome de l'imposteur ont en effet tendance à :

- ✓ **ne pas accorder d'importance** aux compétences qu'elles mettent en œuvre dans une tâche ;
- ✓ **sous-estimer** leurs qualités ou leurs résultats ;
- ✓ ne pas se sentir **confiantes** vis-à-vis d'une activité, nouvelle ou déjà réalisée ;
- ✓ expliquer leur succès ou leur situation actuelle par des causes externes (**chance, hasard, relations**) plutôt qu'internes (compétences, intelligences) ;
- ✓ **rejeter** ou **s'opposer** aux feed-back positifs de la part des autres.

> **Romain et l'approche stratégique**
>
> « J'ai eu la **chance** de rencontrer les bonnes personnes au bon moment. Les choses se sont faites naturellement depuis le lycée. J'ai toujours travaillé de la même façon, en ayant une *"chance monstre aux examens"*. Je révisais toujours au dernier moment. Je me souviens de ces moments de stress intenses avant le bac où je revoyais mes cours à la dernière minute avant le contrôle. En plus je suis à chaque fois tombé sur le sujet que je connaissais le mieux. Jamais sur celui que j'avais laissé de côté, au contraire de mes camarades de classe. Je me suis toujours dit que les professeurs me

> **surestimaient.** À la fac, rien n'a vraiment changé. J'avais toujours de bons résultats. Pour construire mon projet, j'ai voulu **jouer les bonnes cartes** et me faire bien voir des enseignants, choisir mes superviseurs en fonction de la voie que je souhaitais prendre pour être sûr d'avoir du soutien et un parcours sans faute, alimenter mon réseau pour poursuivre rapidement dans le domaine professionnel. C'est **essentiellement pour ça** que j'ai eu accès aussi facilement aux meilleures options de cours, ce qui fait que mon cursus est assez complet. Aujourd'hui, j'ai un emploi. Je peux dire que cette stratégie a fonctionné. Mais c'est une stratégie. Derrière, je me dis que tout le monde finira par se rendre compte un jour que j'ai juste été **pistonné** et que je n'ai absolument rien à faire ici. La **chance** finira par tourner. »

Comme Romain nous le montre, ce processus explicatif ne permet pas d'avoir confiance en ses capacités, ses compétences ou d'avoir conscience de ses atouts, de ses qualités ou de ses forces. Au contraire, en adoptant ce type d'attitude, nous sommes amenés à minimiser notre potentiel.

Et vous, comment vous positionnez-vous ?

Afin de vous aider à observer comment se manifeste cette notion d'attribution chez vous, posez-vous la question suivante : Quelles situations vous semblent être « le fruit du hasard », le résultat d'une erreur ou les conséquences de vos relations (ou toutes autres circonstances ne dépendant pas de vous) ?

À quoi est due ma réussite ?

→ **Consigne.** Listez dans le tableau suivant les situations que vous avez tendance à expliquer par des causes indépendantes de vous (chance, hasard, coïncidences, relations, erreurs, surestimations de la part des autres). Il est important que la liste soit la plus précise possible.

→ **Durée.** Quelques minutes.

> **Objectifs**
> → Observer et comprendre votre mode de fonctionnement concernant l'explication des événements vous concernant (réussite, situation actuelle, etc.).
> → Identifier cet élément central du syndrome de l'imposteur dans votre quotidien.
>
> ### À quoi est due ma réussite ?
>
> – Exemple : « C'est grâce à mes relations que j'ai mon poste actuel. »
>
> ....
> ....
> ....
> ....
> ....

Nous reviendrons sur cette notion d'attribution aux chapitres 6 et 7 dont l'objectif est de proposer des exercices pratiques pour vous approprier vos succès et apprendre à accepter les retours positifs.

Continuons la présentation du syndrome de l'imposteur et de sa dernière caractéristique.

« ... et je vais être démasqué(e) »

Puisqu'elles considèrent qu'elles ont eu de la chance et qu'elles trompent leur entourage, les personnes présentant le syndrome de l'imposteur craignent d'être un jour ou l'autre accusées d'imposture par leur entourage. C'est d'autant plus étonnant que ces personnes ont plutôt tendance à moins tricher que les autres ! Cette peur (il s'agit du « P » de notre I.M.P.) est un autre élément central du syndrome de l'imposteur, qui produit, au quotidien, une forte anxiété.

Sandra et « la boule au ventre »

« Depuis mon plus jeune âge, je suis confrontée à cette réalité. Je me souviens de mes années d'école primaire où chaque année je passais dans la classe supérieure et je m'attendais à ce qu'on **découvre que je ne le méritais pas**. Une scolarité la boule au ventre… Je suis aujourd'hui et depuis 30 ans directrice d'une structure éducative après avoir été éducatrice, et toujours je pense ne pas être à ma place, ne pas la mériter. J'ai démarré en 2011 un master pour obtenir le titre de directrice. J'ai eu mon diplôme avec mention, mais cela ne change rien. Chaque nouvelle étape dans ma vie professionnelle, chaque nouvelle mission est vécue comme "le moment de vérité", **celui où l'on va se rendre compte que je ne suis ni à ma place ni à la hauteur**… épuisant… éprouvant ! »

Est-ce votre cas ?

Afin de vous aider à vous positionner, posez-vous la (dernière !) question suivante : Qui pourrait vous démasquer ?

Qui peut me démasquer ?

→ **Consigne**.
- Listez le nom de ces personnes dans la première colonne du tableau suivant.
- Indiquez le degré d'anxiété associé au risque de pouvoir être démasqué(e) par ces personnes. Mesurez-la sur une échelle de 0 % à 100 % (100 % étant l'anxiété la plus importante que vous pourriez ressentir).

→ **Durée.** Quelques minutes.

Objectifs
→ Identifier cette peur dans les domaines et vis-à-vis des personnes concernés.
→ Hiérarchiser cette peur pour connaître les situations les plus accessibles.

Qui peut me démasquer ?

Qui peut me démasquer ?	Mon anxiété (de 0 % à 100 %)
Exemple : mon patron	70 %

Bien entendu, nous reviendrons sur cet exercice plus tard dans le livre.

Le syndrome de l'imposteur, c'est ça...

Revenons sur l'I.M.P. Vous avez maintenant les trois principales informations nécessaires sur le syndrome de l'imposteur et, surtout, sur votre propre syndrome. C'est déjà un grand pas ! En voici un récapitulatif :

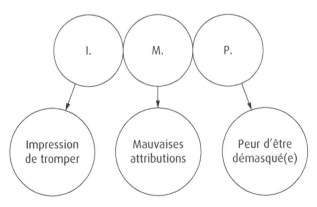

Nous vous proposons maintenant le dernier exercice de ce chapitre. Après vous être exprimé par écrit... parlez-en !

> ### Le syndrome de l'imposteur, j'en parle !
>
> → **Consigne**. Vous savez à présent ce qu'est le syndrome de l'imposteur et vous savez dans quelles situations il peut se retrouver.
> - Trouvez des personnes proches avec qui échanger à ce sujet.
> - Vous n'êtes pas obligé(e) de vous référer aux listes de personnes que vous avez déjà réalisées (au contraire, cela peut être très stressant), ni d'entrer dans les détails, nous y reviendrons plus tard. Parlez-en tout simplement autour de vous à votre entourage proche et de confiance.
>
> → **Durée**. Pendant quelques jours.

Cet exercice reprend les directives d'auteurs avant nous (Clance, 1992 ; Young, 2011).

> ✓ Ôtez le caractère secret du syndrome de l'imposteur, parlez-en !
> ✓ Osez partager, exprimer vos sentiments, vos doutes, vos craintes avec des personnes proches.
> ✓ Trouvez écoute, appui et soutien.
> ✓ Soyez un modèle en parlant de votre propre cas.
> ✓ Vous vous rendrez compte que vous n'êtes pas seul(e).

Il peut y avoir deux étapes dans vos échanges avec les autres. En effet, vous constaterez que certaines personnes seront compréhensives (peut-être partagent-elles ce sentiment ?), mais que d'autres seront surprises de ce que vous leur confierez.

> « Ah bon ? Tu te sens comme un imposteur ? Mais c'est ridicule, regarde tout ce que tu as accompli ! »

L'objectif de cet exercice est de pouvoir commencer à ôter le masque de l'imposteur et ainsi d'exprimer votre véritable ressenti. Vos échanges avec votre entourage peuvent se faire en deux étapes :

1. Exprimez-vous simplement en faisant part de votre ressenti. Votre entourage peut comprendre. Il peut aussi être surpris, essentiellement du fait que vous avez un certain nombre de succès à votre actif – ils n'ont pas en effet le filtre du syndrome de l'imposteur qui malmène la bonne estimation de vos réussites.
2. Dans ce cas, proposez une sorte de jeu de rôle. Une sorte de « faisons comme si nous étions tous les deux des imposteurs » afin que les deux parties puissent adopter un point de vue semblable. Cela sera peut-être difficile pour la personne en face de vous car elle n'a effectivement pas les mêmes ressentis... de même qu'il est difficile pour vous d'adopter un autre point de vue du fait de vos propres sentiments d'impostures.

« C'est difficile pour toi de jouer le rôle d'une personne qui présente un syndrome de l'imposteur. Pour moi, c'est très difficile d'avoir un point de vue inverse. »

Objectifs
→ Se rendre compte que beaucoup de personnes peuvent se sentir concernées.
→ Dépasser le caractère secret du syndrome de l'imposteur.
→ Vous n'êtes pas seul(e) à pouvoir éprouver ce sentiment !

Quel bilan faites-vous de vos échanges ?

....
....
....
....
....

Faisons un premier bilan

Nous avons mis au jour différentes notions lors de ce premier chapitre.

D'abord, il nous a semblé important que vous sachiez que, nous aussi, nous avons (ou avons pu avoir à différents degrés !) un syndrome de l'imposteur, parfois même intense dans certains domaines.

Puis vous avez pris un certain recul et vous vous êtes positionné concernant le syndrome de l'imposteur, à la fois pour mettre des mots sur un ressenti secret ainsi que pour poser les bases de la suite du livre au travers de différents exercices de positionnement personnel.

Enfin, nous vous avons demandé d'échanger sur ce sentiment auprès de votre entourage de confiance.

Dans ce chapitre, nous avons vu des notions déjà importantes dans le syndrome de l'imposteur, et qui en constituent le fondement. Ces éléments seront repris et approfondis dans la suite du livre. Cela nous permet donc de nous attarder sur la notion qui nous paraît centrale dans le syndrome de l'imposteur et que, pourtant, les personnes qui le manifestent négligent : ce syndrome est un *ressenti*. En effet, selon Clance (1992) (celle qui a pu l'identifier et commencer à écrire à ce sujet) :

> Les personnes qui présentent le syndrome de l'imposteur «**pensent** qu'elles sont des fraudeurs intellectuels. [...] Qu'elles puissent être d'une intelligence exceptionnelle, qu'elles aient mérité leur place, cela ne leur vient jamais à l'esprit.»
> → Séparez vos sentiments des faits objectifs : tout le monde peut se sentir stupide de temps en temps, mais cela ne signifie pas l'être objectivement.
> → Séparez vos impressions de la réalité : douter et se voir comme un imposteur diffère d'être un vrai imposteur.

Dans le chapitre suivant, nous allons :
- ✓ décrire l'environnement familial pouvant amener un syndrome de l'imposteur ;
- ✓ identifier comment votre syndrome de l'imposteur a pu se mettre en place au regard de l'apprentissage de certains messages parentaux ;
- ✓ comprendre la mise en place de ce syndrome.

Mon cahier d'exercices

Je décris mon syndrome de l'imposteur

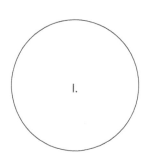

Pour qui ai-je un masque ?

→ **Consigne.** Listez le nom des personnes que vous pensez tromper, en mettant entre parenthèses le domaine qui lui est lié.
→ **Durée.** Quelques minutes.

Pour qui ai-je un masque ?

....
....
....
....
....

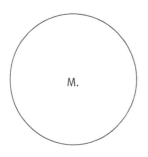

À quoi est due ma réussite ?

→ **Consigne.** Listez les situations que vous avez tendance à expliquer par des causes indépendantes de vous (chance, hasard, coïncidences, relations, erreurs, surestimations de la part des autres).
→ **Durée.** Quelques minutes

À quoi est due ma réussite ?

....
....
....
....
....

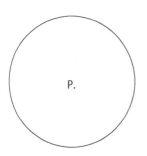

Qui peut me démasquer ?

→ **Consigne.** Listez le nom des personnes qui pourraient vous démasquer dans la première colonne.

Vous pourrez aussi indiquer le degré d'anxiété associé au risque de pouvoir être démasqué(e) par ces personnes.

Mesurez votre anxiété sur une échelle de 0 % à 100 % (100 % étant l'anxiété la plus importante que vous pourriez ressentir).

→ **Durée.** Quelques minutes

Qui peut me démasquer ?

Qui peut me démasquer ?	Mon anxiété (de 0 % à 100 %)

2
Mais d'où vient ce syndrome?

Objectifs

→ Comprendre l'origine du développement du syndrome de l'imposteur.
→ Identifier les messages appris qui ont pu faire naître ce syndrome.
→ Obtenir des premiers éléments de compréhension pour surmonter son syndrome de l'imposteur.

Alors... pourquoi je souffre du syndrome de l'imposteur?

D'où vient ce syndrome? Les recherches et les descriptions cliniques du syndrome de l'imposteur mettent en avant :

- ✓ une tendance innée à se comparer aux autres, liée à un fort besoin d'approbation («je dois être aimé(e)»);
- ✓ l'impact de l'apprentissage d'un certain nombre de messages durant l'enfance;
- ✓ le fait que ces messages portaient essentiellement sur la performance, l'ambition, la réussite et l'intelligence... mais dans des sens différents en fonction du contexte familial.

Apportons néanmoins une petite précision concernant l'identification des origines du syndrome. Chercher son origine n'est pas suffisant pour le surmonter. Il s'agit davantage de le comprendre. En effet, cela permettra de remettre en question un certain nombre de fausses croyances liées à notre vécu. Mais, attention, le vécu de chacun est différent. Ainsi, bien que ces descriptions se retrouvent fréquemment dans le syndrome de l'imposteur, elles n'ont pas le même impact sur tous les enfants. D'autres éléments pourront aussi l'expliquer, nous le verrons par la suite.

Quatre types de dynamique familiale et environnementale se retrouvent à l'origine du syndrome de l'imposteur (Clance, 1992). En voici la liste :

1. Valorisation de l'intelligence et de la performance («Il faut être compétent et brillant»).
2. Appréciations contradictoires («Regarde ton dessin, tu es génial» *vs* «Tu as 10 fautes à ta dictée ? Pas terrible...»).
3. Enfant «différent» («Oui, tu es bon artiste mais il faudrait plutôt faire comme ta sœur qui est forte en mathématiques!»).
4. Manque de reconnaissance des réussites («Oui, 17/20, ce n'est pas mal mais tu peux mieux faire»).

Ces dynamiques familiales vont véhiculer un certain nombre de messages. Ces messages, qui se présentent comme des commandements, vont donner naissance à des croyances plutôt irrationnelles et défavorables au bien-être.

Commandement 1 : « Réussir, tu dois »

Les parents des personnes manifestant un syndrome de l'imposteur leur ont envoyé, dans leur enfance, un message particulier concernant l'importance de l'intelligence et de la réussite.

Madeline et le « pur génie »

« Avec mes parents, nous discutions toujours de sujets variés, très pointus. Ils étaient très intelligents, très cultivés. Ils avaient réponse à tout. Et malheur à moi si je n'arrivais pas à être au niveau ou à tenir une conversation. Ils m'ont toujours dit de viser le "pur génie", sinon ça n'en valait pas la peine. Ils étaient très exigeants, si bien que je crois que je ne serai jamais à la hauteur. »

Le témoignage de Madeline montre bien que le succès, l'intelligence, les compétences constituaient des éléments indispensables à l'approbation parentale. En conséquence, elle a adopté différentes croyances :

- → « Tes succès prouvent tes compétences, surtout s'ils sont réalisés sans effort particulier ! »
- → « Tes échecs prouvent ton incompétence, surtout si tu as fourni de grands efforts pour essayer de réussir. »
- → « L'intelligence est innée. Tu l'as ou tu ne l'as pas. »
- → « Comme l'intelligence est innée, si tu échoues, tu échoueras tout le temps. »
- → « On n'est quelqu'un de bien que si on réussit ou si on est intelligent. Ce sont des preuves de valeur personnelle. »

Cette liste n'est pas exhaustive mais elle permet de se rendre compte de ce que peuvent signifier ces messages et quelles peuvent être leurs conséquences en termes de pression parentale perçue ou d'exigences personnelles.

Quels sont les inconvénients de ce type de message ?

✓ une recherche constante de validation, d'approbation, de reconnaissance de la part des autres ;

✓ une image de soi dépendante de sa performance ou du regard des autres (surtout concernant l'échec) ;
✓ une vision plutôt stable de l'intelligence.

S'agit-il alors d'un message qui vous concerne ou que vous avez entendu durant votre enfance ? Si oui, prenez le temps de le noter ci-dessous, en écrivant pourquoi.

> **Mon message transmis**
> («je devais réussir parce que…»)
> ....
> ....
> ....
> ....
> ....

Ce message a-t-il contribué à forger certaines croyances sur vous-même ? Les questions suivantes ont pour but de vous aider à y répondre. L'objectif est bien entendu d'être honnête envers vous-même.

Si vous avez reçu ce type de message, dans quelle mesure, selon vous, avez-vous besoin de l'approbation ou de la reconnaissance des autres ? Il est intéressant de vous situer sur l'échelle que nous vous proposons ci-dessous. Cette échelle va de 0 («je n'ai pas du tout besoin de l'approbation des autres») à 10 («j'ai un besoin vital que les autres m'apprécient»). Il vous suffit d'indiquer par un trait à quel niveau vous vous positionnez entre les deux.

0 ⎯⎯⎯⎯⎯⎯⎯⎯⎯⎯⎯⎯⎯⎯⎯→ 10

De la même façon, à quel point, selon vous, votre image de vous-même dépend-elle de votre performance ou du regard des autres ? L'échelle suivante s'étend de 0 («pas du tout») à 10 («complètement»).

```
0                                                    10
```

Enfin, dans quelle mesure pensez-vous que l'intelligence peut évoluer au fil du temps ? Qu'il est possible pour vous d'apprendre ou de vous améliorer ? Ou au contraire pensez-vous que vos compétences et vos connaissances sont figées et le resteront ? L'échelle suivante s'étend de 0 («l'intelligence n'évolue pas au fil du temps») à 10 («il est toujours possible de faire évoluer son intelligence»).

```
0                                                    10
```

Rassurez-vous, le besoin d'approbation ou de reconnaissance existe chez chacun d'entre nous. Tout comme l'instabilité de notre estime de soi qui se fonde essentiellement sur nos performances et le regard des autres. Cependant, ces ressentis sont parfois particulièrement ancrés chez les personnes qui présentent le syndrome de l'imposteur.

Commandement 2 : « Comparé(e), tu seras »

Pour certaines personnes manifestant un syndrome de l'imposteur, un décalage a existé entre le discours des membres de la famille et les propos de personnes extérieures à la famille (professeurs, amis, entourage, connaissances) mais aussi entre les parents eux-mêmes :
- ✓ l'un des parents valorise une performance, une qualité ;
- ✓ l'autre parent la dénigre ou ne la reconnaît pas.

Deux enfants d'une même fratrie ont aussi pu être comparés :
- ✓ un enfant perçu comme l'enfant « social », l'autre comme « l'intelligent » de la famille ;
- ✓ un enfant « intellectuel » *versus* un enfant « artiste »…

Quels en sont les inconvénients ?
- ✓ L'enfant est partagé entre deux perceptions de lui-même : celle de ses parents et celle de l'environnement extérieur. Le plus

souvent, il fera néanmoins confiance à ses parents, ceux-ci étant les personnes stables et importantes dans son environnement.
- ✓ L'enfant se focalisera plus souvent sur les messages négatifs que sur les messages positifs. Cette disposition est inhérente à l'être humain. Nous avons tous un peu plus tendance à nous centrer davantage sur les choses négatives que positives, même à l'âge adulte. En l'occurrence ici, cela ne permet pas d'apprécier à sa juste valeur ses qualités ou ses compétences.
- ✓ Plus tard, l'un des deux enfants voudra peut-être explorer le domaine « interdit » par les messages parentaux et il apprendra qu'il a des capacités dans ce domaine, malgré ce qu'on lui a dit. Celles-ci resteront cependant difficiles à intégrer, dans la mesure où il se comparera toujours aux performances « exemplaires » de l'autre.

S'agit-il d'un message qui vous concerne ou que vous avez pu entendre durant votre enfance ? Si oui, prenez le temps de le noter ci-dessous.

> **Mon message transmis (« j'étais comparé à/dans..., parce que... »)**
> ....
> ....
> ....
> ....
> ....

Si ce message vous concerne, cela signifie peut-être que vous avez une tendance à vous comparer aux autres (« je ne sais rien et les autres savent tout », par exemple) et, probablement, à vous juger inférieur(e) aux autres du fait de ne pas avoir intégré vos qualités, vos compétences ou vos succès. Nous vous proposons de vous situer sur l'échelle suivante, de 0 (« je ne me compare pas du tout aux autres et je me juge justement ») à 10 (« je me compare tout le temps aux autres et je les juge plus intelligents que moi »).

0 ⟶ 10

Commandement 3 : « Différent(e), tu es »

Lorsqu'elles étaient enfants, les personnes présentant un syndrome de l'imposteur se sont considérées elles-mêmes ou ont parfois été considérées par les membres de leur famille comme « différentes » ou atypiques. Deux aspects de la question sont alors à considérer :

- ✓ Leur entourage n'a lui-même peut-être pas ou peu connu de situations de réussite dans ce domaine. De ce fait, elles ont ressenti une certaine culpabilité vis-à-vis de leur propre succès. À cause de ce succès, elles ont été perçues comme supérieures et différentes des autres. Elles ont alors craint d'inspirer de la jalousie, de l'hostilité, des conflits, un rejet, au point de redouter de réussir.
- ✓ Elles ont eu peur de dépasser les réussites ou le statut social de leurs parents ou de leur entourage, par crainte de désapprobation. Elles ont donc dissimulé ou diminué leurs véritables performances. Au lieu de se satisfaire de leur réussite, elles ont plutôt cherché à ne pas paraître trop compétentes, trop intelligentes, trop douées, trop différentes des autres pour ne pas être mises à l'écart.

Il est aussi possible qu'elles aient été élevées dans un environnement où leur différence a été particulièrement valorisée. Il est difficile dans ce cas de se construire une image réaliste de soi, surtout lorsque l'on est ensuite confronté(e) à l'échec (comme il arrive à tout être humain).

Quels sont les inconvénients de ce type de message ?

- ✓ L'enfant ressent de la culpabilité et de la peur à l'égard de ses réussites ou de sa situation. Peut-être même a-t-il reçu un traitement de faveur qui le rend illégitime ?

- ✓ Au fil du temps, il se rend compte que son intelligence n'est pas aussi atypique et extraordinaire que ses parents lui ont dit ou ont imaginé.
- ✓ Il pense que son entourage (incluant le cercle familial et au-delà) pourrait un jour ou l'autre revoir son opinion envers lui (serait-il un imposteur ?).
- ✓ Enfin, il a tendance, peu importe le message, à nier sa réussite car celle-ci est associée à un manque d'approbation, d'un type ou d'un autre.

Avez-vous entendu ou vous êtes-vous senti concerné par un de ses messages durant votre enfance ? Si oui, prenez le temps de le noter ci-dessous.

> **Mon message transmis**
> (« j'étais différent(e), parce que… »)
> ....
> ....
> ....
> ....
> ....

À quel point avez-vous peur que l'on découvre qui vous êtes vraiment ? Que l'on constate que vous n'avez peut-être « rien d'extraordinaire » ? Que vous êtes, aussi, vulnérable ? L'échelle ci-dessous va de 0 (« je n'ai pas du tout peur ») à 10 (« j'ai vraiment peur tous les jours ! »)

0 ——————————————————————→ 10

Commandement 4 :
« Doué(e) ? je ne sais pas si tu l'es… »

Un adulte qui manifeste le syndrome de l'imposteur a peut-être été peu valorisé ou soutenu durant son enfance au regard de ses compétences, de ses qualités ou de son intelligence. Il en est de même avec les succès.

Parfois un enfant démontre des capacités particulières. Cependant, bien que ces capacités soient d'un très bon niveau, la famille peut ne pas les valoriser, ou bien peut s'intéresser davantage à d'autres capacités (et ce sans mauvaise intention particulière). Dans ce cas, l'enfant ne sera pas renforcé dans ses aptitudes.

En résumé :
- ✓ d'une part, l'enfant démontre des compétences fortes ;
- ✓ d'autre part, la famille n'est pas en mesure de les reconnaître.

Plusieurs croyances vont alors se mettre en place (la liste n'est pas exhaustive) :

> « Le succès est généralement dû au soutien d'autres personnes ou à des circonstances particulières. »
> « Il ne faut pas prendre le succès pour soi mais surtout reconnaître les autres et leur implication dans notre succès. »
> « Ne te vante pas de tes succès ! C'est prétentieux. »
> « Mes modèles sont peu communicatifs de leurs échecs. En même temps, ils donnent de rares informations quant aux moyens mis en œuvre pour réussir. »
> « Si je ne suis pas valorisé(e) pour les qualités que je mets en place, c'est qu'elles sont nulles. Et donc je suis nul(le). »

Dans ce cas de figure, un enfant va :
- ✓ privilégier les aptitudes dès lors valorisées par ses parents ;
- ✓ en négligeant, dans sa manière de se construire et de se percevoir, ses propres caractéristiques.

Votre intelligence était-elle reconnue dans votre famille ? Décrivez pourquoi si ce message vous concerne.

> **Mon message transmis**
> («je n'étais pas valorisé(e), parce que...»)
>
> ....
> ....
> ....
> ....

Commandement 5 : « Tu ne seras pas accepté(e) de manière inconditionnelle... »

Depuis les travaux de Clance (1992), les recherches et notre expérience clinique nous ont montré que l'acceptation inconditionnelle de soi est un autre élément clé, souvent absent, qui peut contrebalancer les effets du syndrome de l'imposteur. C'est pourquoi nous proposons ce cinquième commandement. Nous verrons plus loin que l'acceptation inconditionnelle de soi contribue à un niveau élevé de bien-être. Une faible acceptation inconditionnelle de soi constitue alors un élément essentiel à l'origine de plusieurs comportements qui se manifestent dans le syndrome de l'imposteur :

- ✓ le besoin de toujours faire mieux ;
- ✓ la difficulté d'accepter la réussite (et les commentaires positifs qui vont avec) ;
- ✓ et la peur d'être démasqué(e)...

Il est très rare de se sentir accepté(e) de manière inconditionnelle. Il nous semble que nos parents et, plus tard, nos enseignants et nos amis, attendent de nous un type de comportement qui «garantira» une acceptation. Or toute personne a le droit de se sentir acceptée, même si son comportement n'est pas le meilleur ou celui attendu. (**Relisez** bien cette phrase ; elle est essentielle.)

Nous aborderons plus loin la notion d'acceptation inconditionnelle de soi, mais avant toute chose, il faut reconnaître la non-acceptation de nous-mêmes. En effet, du moment où nous nous sentons accepté(e)s par nous-mêmes, nous pourrons accepter plus facilement les autres ; et les autres vont pouvoir nous accepter plus facilement aussi.

Est-ce que nous nous acceptons tel que nous sommes ? Probablement pas. Mais ce jugement de valeur a été transmis dès l'enfance. Prenez un moment pour étudier pourquoi vous n'êtes pas « acceptable ».

> **La non-acceptation de moi (« Je ne suis pas "acceptable" tel je suis aujourd'hui parce que... »)**
>
> ....
> ....
> ....
> ....
> ....

Conclusion

L'idée principale qui ressort de ces exercices d'introspection est que nous faisons nôtre un certain nombre de croyances issues de l'environnement dans lequel nous nous développons. Dans le syndrome de l'imposteur, ces croyances peuvent être intenses et sujettes à un important mal-être en fonction du degré d'expression et de manifestation de ce syndrome.

Avoir identifié les croyances sous-jacentes à votre syndrome de l'imposteur va vous permettre de les relativiser grâce aux exercices successifs que nous vous proposons dans les chapitres suivants. Ces croyances servent et vous ont servi depuis certainement des années. C'est pourquoi il nous semble important d'apporter quelques précisions :

> Lorsque les exercices vous paraîtront **difficiles** ou au contraire **futiles** («l'exercice est inutile», «l'exercice est trop difficile», «l'exercice ne sert à rien», «l'exercice m'amène dans des croyances contraires à celles que j'ai apprises, c'est ridicule»...), questionnez-vous sur vos ressentis afin de faire le lien avec certaines croyances. L'objectif est de pouvoir restructurer ce type de messages transmis avant, pendant ou après les exercices.
>
> Lorsque les exercices vous paraîtront sans **effet** (et malgré plusieurs réalisations successives), vous pourrez une nouvelle fois vous interroger sur l'impact de ces messages sur votre manière de vous approprier les notions présentées. L'objectif que nous poursuivons est essentiellement un travail sur l'acceptation inconditionnelle de soi pour surmonter le syndrome de l'imposteur. Cela peut nécessiter de grands efforts (mentaux ou comportementaux) puisqu'il s'agit de prendre le contre-pied d'une acceptation conditionnelle («je suis bien parce que je réussis», «je suis nul (le) parce que j'échoue») ancrée depuis longtemps. N'hésitez pas à réaliser les exercices plusieurs fois. De même, questionnez-vous sur le lien pouvant exister entre les exercices, leurs effets et vos croyances fondamentales («je ne peux pas accepter ma réussite parce que mes parents m'ont toujours appris à ne pas me vanter», «j'ai des difficultés à relativiser ma peur de l'échec du fait qu'on m'a toujours appris que si on échoue, c'est qu'on est nul (le)», «j'ai des difficultés à m'accepter inconditionnellement car j'ai longtemps cherché à obtenir un sentiment de valeur personnelle au travers du regard des autres»).

Pour mettre en lien tous ces messages et leurs impacts, vous pouvez vous référer au cahier d'exercice en fin de chapitre.

À présent, toujours dans l'optique de mieux comprendre comment s'est installé votre syndrome de l'imposteur, nous vous proposons une série de questions élaborées par Clance (1992).

Mes questions utiles

En fonction des cinq commandements, répondez aux questions posées ci-dessous, mais prenez votre temps, certaines seront peut-être moins simples qu'il n'y paraît. La première série de questions aborde **la représentation de l'intelligence**.

→ Quelle était la définition de l'intelligence, selon votre père ?
....
....
....
....
....

→ Quelle était la définition de l'intelligence, selon votre mère ?
....
....
....
....
....

→ Quelle était l'attitude de votre famille à l'égard des gens brillants ?
....
....
....
....
....

La deuxième série de question aborde plus spécifiquement les notions de **comparaison sociale** et de **représentation de la réussite**.

→ Quel était l'enfant préféré dans votre famille ?
....
....
....
....
....

→ Quel était l'enfant le plus intelligent ?
....
....
....
....
....

→ Selon quels critères votre famille a-t-elle désigné le plus intelligent ?
....
....
....
....
....

→ Qui obtenait les meilleurs résultats à l'école ?
....
....
....
....
....

→ Qui a poursuivi des études supérieures ?
....
....
....
....
....

→ Quel est le professeur du cycle primaire dont vous vous souvenez le mieux ?
....
....
....
....
....

→ Que pensait-elle/il de vous ?
....
....
....
....
....

→ Quel est le professeur dont vous vous souvenez le mieux, de toutes vos années d'études ?
....
....
....
....
....

→ Dans quelle mesure l'opinion que vos professeurs avaient de vous était-elle différente de celle de vos parents ?
....
....
....
....
....

La question suivante interroge les **qualités atypiques** ou le **sentiment de décalage**.

> → Dans quelle mesure vos compétences ou vos dons étaient-ils différents ou identiques à ceux de vos parents et/ou vos frères et sœurs ?
> ....
> ....
> ....
> ....
> ....

Enfin, les questions suivantes nous permettent d'aborder la notion de valorisation ou de soutien quant au succès.

> → Lorsque vous étiez petit, quelles sortes d'histoires racontait votre famille sur vous ?
> ....
> ....
> ....
> ....
> ....
>
> → Ces histoires vous attribuaient-elles les traits de caractère que vos parents jugeaient importants ?
> ....
> ....
> ....
> ....
> ....

Nous constituons l'opinion que nous avons de nous-mêmes à partir de notre expérience au sein du milieu familial (entre autres). Cela peut être particulièrement vrai, notamment dans le syndrome de l'imposteur, à propos de nos représentations de l'intelligence, des compétences et de la réussite. Les attitudes et les messages donnés par les parents au sujet de la réussite vont ainsi influencer de manière significative :

- ✓ les degrés d'ambitions ;
- ✓ les degrés d'attentes ;
- ✓ le niveau de réussite des individus sur le long terme.

Et à l'âge adulte ?

D'autres facteurs, à l'âge adulte, peuvent favoriser l'apparition, la mise en place et le maintien du syndrome de l'imposteur, notamment lors des étapes des grandes transitions de la vie ou lors de l'acquisition de nouveaux. Ces facteurs sont :

- ✓ un environnement de compétition, de concurrence dans son domaine d'activité ;
- ✓ un manque de collaboration, de coopération ;
- ✓ de fortes pressions de réussite ;
- ✓ des succès inattendus ;
- ✓ de nouvelles situations, de nouveaux rôles ou statuts ;
- ✓ des étapes d'évaluations ;
- ✓ un sentiment d'isolement dans son domaine, un manque de soutien perçu ;
- ✓ une orientation sur la production, la performance plutôt que sur l'apprentissage ;
- ✓ un sentiment d'inauthenticité de plus en plus accru (au niveau social ou personnel) ;
- ✓ une tendance à dénigrer et diminuer ses réussites ;
- ✓ des compliments exagérés.

Peut-être retrouvez-vous dans cette liste des facteurs qui, selon vous, ont donné naissance ou renforcé votre syndrome de l'imposteur. Notez-les ci-après. Un schéma récapitulatif vous est aussi proposé dans le cahier d'exercices.

Pour conclure, nous sommes, finalement, humains...

Nous avons tenté dans ce chapitre d'explorer les origines spécifiques du syndrome de l'imposteur. L'environnement pendant l'enfance, l'éducation et les messages transmis – et reçus – permettent de comprendre pourquoi nous souffrons du syndrome de l'imposteur. Pourtant, ce qui est à son origine est aussi à la racine d'un bon nombre de dysfonctionnements, comportementaux et psychologiques chez l'être humain. Par exemple, le processus d'apprentissage a un impact important sur nos comportements, nos habitudes, nos attitudes, nos croyances..., qu'ils soient adaptés ou non adaptés (Hanson et Mendius, 2011) :

> **L'apprentissage est à la base de notre vécu et de notre évolution**
>
> L'être humain est fait pour apprendre et ses apprentissages sont très importants. Dès la naissance, nous apprenons – sur nous, sur nos relations et sur le monde entier. Ces apprentissages s'accumulent et nous aident à nous adapter, plus ou moins bien, dans tous les contextes et toutes les situations que nous rencontrons dans notre vie.
>
> **Le défi, surtout quand il est lié à une menace, nous stimule à apprendre**
>
> Si nous nous trouvons devant un objectif important, comme par exemple réussir un examen, nous aurons tendance à vouloir y faire face, surtout pour éviter les retombées possiblement négatives.

Le négatif attire notre attention plus facilement que le positif

Quand nous sommes confrontés à des éléments négatifs, qu'ils s'agissent des punitions concrètes, des attitudes, des propos désagréables ou de notre propre attitude négative, nous avons une capacité particulière à les remarquer. Notre attention est concentrée sur ce qui est négatif, car cette attitude était nécessaire à notre adaptation au cours de notre évolution. Repérer les éléments négatifs nous aide à apprendre plus rapidement à les éviter. Cependant, les critiques et les messages négatifs vont bénéficier de cette même attention accrue. Cela a donc pour résultat de nous pousser à ruminer sur le vécu négatif et, en plus, de ne pas vouloir le répéter. Pourtant, vivre les éléments négatifs fait partie de notre vie.

Nos apprentissages s'acquièrent rapidement

L'être humain a une capacité incroyable pour apprendre et ce, très rapidement. Parfois un seul essai suffit ! Le problème avec cette rapidité, c'est que parfois nous pouvons faire un lien qui n'est pas forcément adapté entre notre comportement et ses conséquences. Une fois appris, nous avons tendance à garder cet apprentissage et souvent à l'appliquer dans d'autres domaines. Cela s'appelle « la généralisation ». Généraliser un apprentissage peut être très utile – comme par exemple savoir conjuguer toutes les verbes du premier groupe.

Nous avons du mal à distinguer les apprentissages « utiles » et « inutiles »

Du moment où nous avons appris quelque chose, une conséquence liée à l'un de nos comportements, c'est appris. Un autre problème avec cette merveilleuse capacité à apprendre, c'est que nous avons parfois du mal à savoir, surtout dans un premier temps, si notre apprentissage est « utile » et peut nous servir. Par exemple, savoir qu'un comportement négatif ne sera pas apprécié, comme par exemple casser un verre et par la suite se faire gronder pour cela, nous aide à éviter de casser les verres à l'avenir. Cependant, on peut développer une angoisse devant la critique à la suite d'un acte maladroit.

Les nouveaux apprentissages, que nous allons faire ensemble, en les répétant souvent et en les intégrant pleinement dans notre vie, vont former une base solide pour nous aider à vaincre notre syndrome de l'imposteur, même si cela peut prendre du temps.

Vous vous souvenez de notre I.M.P. du chapitre précédent ? Nous vous en proposons une autre version :

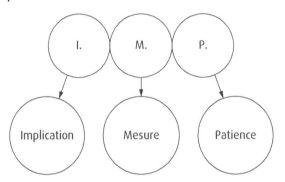

Car, comme toutes méthodes cognitives et comportementales, acquérir un nouvel apprentissage nécessite d'être actif(ve), investi(e) et régulier(ère) dans cette démarche.

Avancez progressivement, à votre rythme. Laissez-vous le temps de bien vous approprier les exercices ou de les réaliser sur un laps de temps plus long si nécessaire. Prenez le temps d'observer votre évolution au fur et à mesure de votre lecture.

Pour certaines personnes, le syndrome de l'imposteur peut être ancré depuis (très) longtemps. Vous ne changerez pas ce sentiment du jour au lendemain. Alors, laissez du temps au temps pour vous permettre de le surmonter !

La bonne nouvelle, c'est que, peu importe notre âge et le temps que nous avons passé à vivre en tant qu'« imposteur », sortir du syndrome prendra forcément moins de temps que sa mise en place et son accommodation !

En plus, en nous appliquant dans ce nouvel apprentissage, nous aurons la chance de mieux nous adapter, de vivre pleinement nos vies, de mieux réussir et de bénéficier d'un bien-être plus stable.

Dans le chapitre suivant, nous vous proposons d'identifier et de mesurer votre syndrome de l'imposteur. Alors… êtes-vous prêts ? On y va !

Mon cahier d'exercices

Comprendre d'où vient mon syndrome de l'imposteur

D'où vient mon syndrome de l'imposteur ? (1)

→ **Consigne.** Dans les cases ci-après, notez vos réponses aux questions suivantes pour observer le poids des messages parentaux sur les manifestations de votre syndrome de l'imposteur.

1. **Besoin de reconnaissance**
- Est-ce important pour moi d'être reconnu(e) ?
- Que se passe-t-il lorsque cela m'arrive ?
- Que se passe-t-il lorsque cela n'arrive pas ?

2. **Représentation de l'intelligence**
- Quelle est ma représentation de l'intelligence ?
- Comment l'intelligence peut-elle évoluer ?
- À quel point me définit-elle ?

3. **Comparaison aux autres**
- À qui est-ce que je me compare ?
- Quelles conséquences cela a-t-il ?

4. Vécu de la réussite
- Pourquoi est-ce important ?
- Comment est-ce que j'accepte ma réussite ?
- Comment l'acceptent les autres ?

5. Représentation de l'échec
- Quelle est ma représentation de l'échec ?
- Quelles conséquences amènent un échec ?

6. Acceptation inconditionnelle de soi
- Pourquoi est-ce difficile de m'accepter de manière inconditionnelle ?

MON MESSAGE TRANSMIS :
« .... »

BESOIN DE RECONNAISSANCE	REPRÉSENTATION DE L'INTELLIGENCE	ACCEPTATION INCONDITIONNELLE DE SOI

COMPARAISON AUX AUTRES	REPRÉSENTATION DE L'ÉCHEC
	VÉCU DE LA RÉUSSITE

D'où vient mon syndrome de l'imposteur ? (2)

→ **Consigne.** Sur le schéma suivant, indiquez par une flèche les éléments extérieurs qui semblent, selon vous, influencer votre syndrome de l'imposteur.

Comprendre d'où vient mon syndrome de l'imposteur

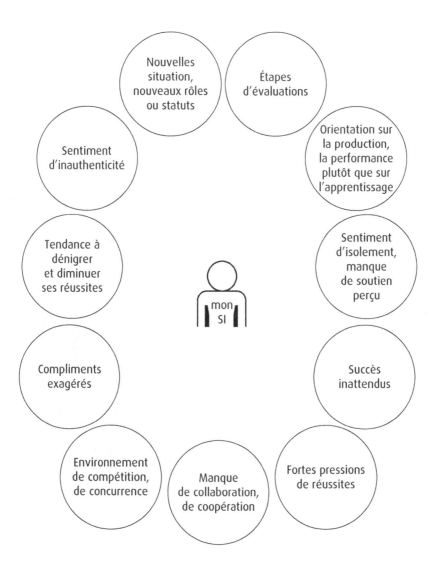

3

« Bonjour, je m'appelle... et je suis un imposteur... »

> **Objectifs**
>
> → Continuer de mettre en mot votre ressenti d'imposture.
> → Identifier et mesurer votre syndrome de l'imposteur.
> → Développer votre auto-observation de ce syndrome.

Maintenant que vous connaissez des différents aspects du syndrome de l'imposteur, mesurons-le et voyons dans quels domaines il impacte votre vie. L'objectif de ce chapitre est de pouvoir vous aider à mettre davantage en mots ce ressenti que vous avez peut-être gardé secret, afin de le cibler et d'éviter tout type de généralisation.

Mais commençons d'abord par mesurer le degré d'importance de votre syndrome.

« C'est grave docteur ?... »

Nous vous présentons en annexe de ce chapitre un questionnaire permettant de mesurer le degré du syndrome de l'imposteur (Clance, 1992). Vous y retrouverez la plupart des notions que nous avons abordées dans les chapitres précédents à la différence que, cette fois-ci, nous allons mesurer l'intensité de votre syndrome de l'imposteur. Alors, faites le test avant de continuer (p. 82) !

→ **Objectifs**
- Identifier si vous présentez, ou pas, le syndrome de l'imposteur.
- Savoir à quel degré ou à quelle fréquence il se manifeste.

Pour calculer le résultat, additionnez les points de la manière suivante :
→ Pas du tout = 1
→ Rarement = 2
→ Parfois = 3
→ Souvent = 4
→ Tout le temps = 5

Votre score :................... / 100

→ **Vous avez entre 20 et 40** : vous manifestez peu d'éléments du syndrome de l'imposteur. Mais vous avez acheté ce livre (ou quelqu'un vous l'a offert...), c'est que le sujet vous intéresse. Il pourrait être intéressant de faire les exercices afin de vous conforter davantage dans votre réussite et avoir des informations concrètes sur ce syndrome.

→ **Vous avez un score entre 41 et 60** : vous avez des expériences modérées en lien avec le syndrome de l'imposteur. Il pourrait être intéressant, au travers de ce livre et des exercices, de vous questionner sur votre manière d'accepter vos réussites.

→ **Vous avez entre 61 et 80** : vous avez des manifestations très fréquentes du syndrome de l'imposteur. L'utilité de nos exercices est de pouvoir relativiser ces sentiments sur le long terme.

→ **Vous avez un score au-dessus de 81** : votre syndrome de l'imposteur a tendance à se manifester parfois de manière intense. Suivez avec attention les consignes des exercices et prenez votre temps pour les réaliser.

Maintenant que vous connaissez le degré de votre syndrome de l'imposteur, essayons de cibler son étendue en fonction des différents domaines de votre quotidien.

Être imposteur, mais pas partout

Le charme de Julia

« Je ne me sens pas à l'aise dans ma vie. J'ai ce sentiment à la fois diffus mais pourtant si clair que les choses ne collent pas. Quand j'étais petite, j'étais loin d'être un idéal de beauté. On s'est souvent moqué de moi. J'avais vraiment honte, j'étais souvent humiliée. Aujourd'hui, je suis en couple mais je me dis que je suis loin d'être la personne qu'il lui faut. Il a beau me dire, et mes amis aussi, que je suis charmante, jolie, attirante, je n'arrive pas à les croire. Je leur souris juste et je passe à autre chose. J'ai toujours cette image de moi du petit laideron qui se cachait. Je retrouve ça dans mon travail en tant que commerciale. Il faut bien entendu avoir des arguments, être charmante. Tout le monde me voit comme ça mais au fond, je suis toujours ce petit laideron, juste maintenant déguisé. Malgré mes prestations, malgré mon investissement je me dis que tout le monde finira par me dire que je n'ai pas ma place, ni dans l'entreprise, ni dans mon couple. »

Julia reconnaît qu'elle manifeste le syndrome de l'imposteur, et nous le reconnaissons aussi. Mais il convient néanmoins de remarquer qu'il ne se manifeste pas dans tous les domaines de sa vie. Il est donc important de bien cibler les domaines les plus concernés pour bien orienter les exercices. Cela vous permettra aussi de vous rendre compte que ces sentiments peuvent être limités à certains contextes.

Nous pouvons mesurer et positionner l'intensité du syndrome de l'imposteur sur un diagramme. Nous proposons la figure suivante pour identifier cette intensité, à partir de différentes recherches en psychologie qui ont identifié les domaines pouvant être sujets au syndrome de l'imposteur. Julia a pu se positionner de la façon suivante :

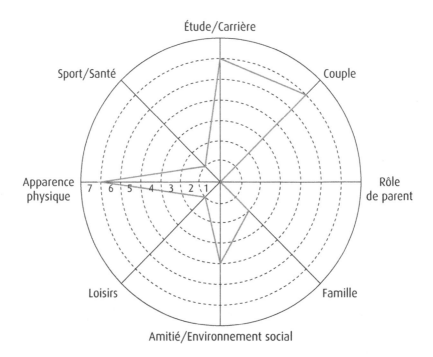

Nous remarquons ainsi que Julia, malgré les signes de reconnaissances concernant son apparence physique – il s'agit effectivement d'une jeune femme très charmante –, se sent comme un imposteur dans ce domaine. Cette apparence physique, ce charme ayant, selon elle, un poids important dans sa relation de couple et sa carrière, nous observons une forte intensité du syndrome de l'imposteur dans ces domaines. N'ayant pas d'enfant, Julia ne s'est pas positionnée dans ce domaine. Nous notons que ces sentiments d'impostures sont moins fréquents dans sa famille qui connaît son histoire, ainsi qu'avec ses amis ou lors d'activités de loisirs ou sportives dans lesquelles les enjeux ne sont pas les mêmes.

Mon syndrome de l'imposteur au quotidien

→ **Consigne.** Prenez un temps pour réfléchir aux différents domaines dans lesquels votre syndrome de l'imposteur peut se manifester.
Dans ce cercle, indiquez pour chaque domaine le degré de votre syndrome de l'imposteur (de 0 au centre à 7 à l'extérieur). Le but, au fil de votre lecture, est de vous rapprocher le plus possible de 0, témoignant d'un faible degré de ce syndrome.

→ **Durée.** Quelques minutes.

Objectifs

→ Cibler votre syndrome de l'imposteur dans différents domaines ou contextes.
→ Mesurer en termes d'intensité votre ressenti du syndrome de l'imposteur à l'aide de ce diagramme.

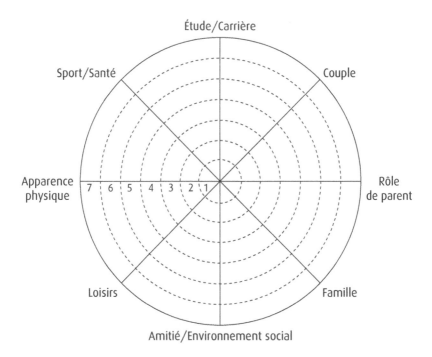

Maintenant que vous avez pu mesurer votre syndrome de l'imposteur en fonction des domaines de votre vie, nous vous proposons de vous centrer sur seulement **l'un d'entre eux** pour le dépasser (bien que des effets sur l'un puissent s'observer sur les autres). En effet, il serait difficile de changer du tout au tout votre syndrome de l'imposteur dans **tous** les domaines en même temps – cela serait très long, peu judicieux et moins efficace.

Prenons l'image d'un tas de pelotes de laine de différentes couleurs dont les fils sont emmêlés.

1. Vous pouvez vous lancer frénétiquement dans l'espoir de tout démêler en même temps ou procrastiner (les personnes présentant le syndrome de l'imposteur oscillent entre ces deux types de comportements) mais, dans les deux cas, le risque est d'emmêler davantage les fils, de resserrer les nœuds et de ne pas observer d'évolution. Nous avons même parfois l'impression de davantage emmêler que de démêler !
2. En revanche, si vous commencez par une couleur et prenez votre temps, vous pouvez avancer de manière plus méthodique avec un objectif clair, tout en agissant sur les autres fils de couleurs différentes. Nous privilégions cette approche.

Nous ferons régulièrement référence à ces domaines de votre vie, en vous demandant de les indiquer entre parenthèses pour bien continuer à cibler votre syndrome de l'imposteur et observer par quoi il peut être influencé ou maintenu.

Par quel domaine commencez-vous ? Inscrivez-le ci-dessous.

....

....

....

....

À quoi ressemble mon syndrome de l'imposteur ?

Lorsque nous nous sommes présentés, nous vous avons confié certains aspects de notre syndrome de l'imposteur respectif (en gras dans nos présentations). Nous vous proposons de réaliser vous-même une présentation semblable afin que vous puissiez identifier les manifestations du syndrome dans votre quotidien. Cette présentation se fondera sur les différents éléments que nous allons vous présenter succinctement.

Les symptômes du syndrome de l'imposteur

Allons donc un peu plus loin dans notre présentation du syndrome de l'imposteur et de ses critères. Au fur et à mesure des recherches sur ce syndrome, plusieurs comportements spécifiques ont été mis en évidence afin de l'identifier plus facilement, et un certain nombre de questions ont été élaborées pour mieux en cerner les aspects (Clance, 1992). Ces manifestations sont les suivantes :

- ✓ la peur de l'échec et/ou la peur de la réussite ;
- ✓ le besoin d'être remarquable (parfois dans différents domaines !) ;
- ✓ le dénigrement des compétences ;
- ✓ le cycle de l'imposteur.

Il n'est pas nécessaire d'avoir toutes les manifestations pour avoir un syndrome de l'imposteur (la littérature considère qu'il en faut au minimum deux). L'expression de ce syndrome varie d'une personne à l'autre. Dans votre propre syndrome, certains critères seront ainsi plus importants et se manifesteront plus souvent que d'autres (critères ou personnes). Le syndrome de l'imposteur étant vu comme un continuum, il est possible de manifester ces critères à différents degrés. Notre objectif est d'observer, ici, quelles caractéristiques vous exprimez et à quelle intensité. Voici quelques questions pour vous orienter dans votre recherche d'éléments personnels. Cochez « oui » lorsque les questions vous correspondent.

• La peur de l'échec ou du succès

	Oui	Non
Vous sentez-vous dévalorisé(e) par les critiques (même si elles sont constructives) que vous jugez comme preuve de votre « incompétence » ou de votre « nullité » ?	☐	☐
Pensez-vous qu'il serait « horrible », « catastrophique », « terrible » d'échouer ?	☐	☐
Pensez-vous que cela révélerait votre incapacité (« je suis complètement nul (le), imposteur ! ») ?	☐	☐
Craignez-vous de réussir, de peur de recevoir ensuite de nouvelles exigences, plus difficiles ?	☐	☐
Craignez-vous d'être différent(e) des autres ou d'être rejeté(e), jalousé(e) du fait de votre succès ?	☐	☐

La peur de l'échec ou du succès qui se retrouvent dans le syndrome de l'imposteur freinent généralement l'expression de son véritable potentiel (peu de prise de risque, peu de questions posées ou de recherche d'aide...) ou amène un réel impact négatif sur la confiance en soi ou l'acceptation de soi. Nous aborderons successivement ces points et les moyens de relativiser ces peurs dans le chapitre 4.

• Le besoin d'être remarquable ou reconnu(e)

	Oui	Non
Pensez-vous que votre entourage puisse découvrir que vous n'êtes pas aussi capable ou intelligent(e) qu'ils le pensent ?	☐	☐
Cherchez-vous constamment à être au-dessus des autres, le (la) meilleur(e) dans vos activités ?	☐	☐
Détestez-vous faire la moindre erreur, être peu préparé(e) ou ne pas faire les choses de manière « parfaite » ?	☐	☐
Pensez-vous que les autres puissent se rendre compte de votre stupidité si vous n'êtes pas le ou la meilleur(e) ?	☐	☐
Ce besoin se retrouve-t-il dans différents domaines de votre vie ?	☐	☐

Pour être certaines d'être ou de paraître compétentes, les personnes présentant le syndrome de l'imposteur sont très engagées, motivées à réussir et souhaitent être les meilleures dans leurs réalisations. Ce besoin peut se retrouver dans un domaine particulier de la vie (le travail, par exemple) ou se manifester dans plusieurs domaines en même temps (travail, famille, amis...). Dans le chapitre 5, nous vous proposerons des outils d'acceptation de soi afin de minorer ce besoin parfois important d'être au-dessus des autres – pour ainsi privilégier le plaisir dans les activités.

◆ Le dénigrement des compétences

	Oui	Non
Avez-vous tendance à rejeter les compliments ou les félicitations que l'on vous fait (« ce n'est rien », « ce n'est pas grand-chose », « c'est normal ») ?	☐	☐
Minimisez-vous vos réalisations ? Ou pensez-vous sans cesse que vous auriez pu « faire mieux ? »	☐	☐
Avez-vous pour habitude de considérer votre réussite comme une chance ou un hasard ?	☐	☐
Ou la considérez-vous comme le résultat du fait que l'on vous « aime bien » ?	☐	☐
Croyez-vous que votre entourage est plus intelligent ou capable que vous ?	☐	☐

C'est un fait, les personnes présentant le syndrome de l'imposteur n'ont confiance ni en leurs compétences, ni en leurs aptitudes, ni en leur intelligence. Le chapitre 6 nous permettra de poser un regard nouveau sur vos capacités afin de mieux savourer votre situation actuelle et vos prochaines réussites.

◆ Le cycle de l'imposteur

	Oui	Non
Avez-vous tendance à éprouver une forte anxiété lors de la réalisation d'une activité ?	☐	☐
Vous arrive-t-il de refuser les challenges, les défis à cause d'un doute persistant vis-à-vis de vous-même ?	☐	☐

	Oui	Non
Avez-vous tendance à favoriser la procrastination dans vos réalisations ?	☐	☐
Ou au contraire mettez-vous en place une préparation excessive, une sur-préparation ?	☐	☐
Avez-vous l'impression de ne pas être à la hauteur du fait de vos méthodes d'organisation ?	☐	☐

Ces questions vous permettent de vous rendre compte si le cycle de l'imposteur vous concerne, et si oui à quel degré. Comme nous le verrons dans le chapitre 7, le cycle de l'imposteur est un cercle vicieux qui a tendance à se répéter à chaque nouvelle tâche. En voici une brève description afin de vous aider à vous situer.

> Lorsqu'une personne manifestant le syndrome de l'imposteur s'engage dans une nouvelle tâche, elle tendra à passer par différentes étapes :
> 1. Anxiété (doute, inquiétude, parfois cauchemars !).
> 2. Procrastination ou travail excessif.
> 3. Réussite et soulagement.
> 4. Dénigrement des retours et de la réussite.
> 5. Attributions externes (« j'ai eu de la chance » ou « je dois fournir plus d'efforts que les autres »).
> 6. Impression de tromper, de ne pas être à la hauteur, de ne pas pouvoir réussir la prochaine fois.

Le questionnaire que vous avez rempli précédemment vous a servi à mesurer l'intensité de votre syndrome de l'imposteur – vous avez ainsi su à partir de là si vous présentiez ou non ce syndrome. Vous venez à présent de cibler les critères qui se manifestent chez vous. Plus vous avez coché de « oui » (à partir de deux, questionnez-vous sur l'impact de ces manifestations du syndrome dans votre quotidien), plus cette caractéristique du syndrome de l'imposteur vous concerne et est importante pour vous. Il y a peu de « oui » ? Bonne nouvelle, vous pourrez avancer tranquillement. Il y en a beaucoup ? Pas de panique, nous irons lentement et progressivement.

Vous avez donc de plus en plus d'informations concernant votre syndrome de l'imposteur, et de surcroît des informations de plus en plus précises. Cela est essentiel pour savoir sur quoi travailler. Vous pourrez donc vous concentrer sur les symptômes qui présentent le plus de « oui » dans la description ci-dessus.

Votre présentation

Maintenant, c'est à votre tour de vous présenter. Suivez la trame que nous vous proposons, elle vous permettra d'identifier vos propres manifestations du syndrome afin de les travailler de manière plus ciblée, et donc plus efficace. Votre présentation n'a pas besoin d'être trop détaillée, mais vous pouvez vous appuyer sur le diagramme fait précédemment pour commencer à vous orienter dans un domaine particulier.

Objectifs
→ Améliorer votre auto-observation en ciblant les manifestations du syndrome de l'imposteur que vous exprimez.
→ Mettre en mot un ressenti souvent gardé secret ou peu exprimé.

Moi et ma manière d'être un « imposteur »
→ Comment ce syndrome se manifeste-t-il dans mon quotidien (cycle de l'imposteur, peur de l'échec ou du succès, besoin d'être remarquable – dans différents domaines ! –, dénigrement des compétences) ?

....
....
....
....
....
....
....
....
....
....
....

Utilisez cette présentation pour remplir le schéma suivant.

Mon syndrome et moi

→ **Consigne.** En reprenant les éléments clés de votre présentation, écrivez dans les cercles correspondant des exemples précis de manifestations du syndrome de l'imposteur dans votre quotidien. Vous n'avez pas besoin de remplir tous les cercles.

→ **Durée.** Quelques minutes.

→ **Objectifs**
- Continuer d'identifier et de préciser les manifestations du syndrome de l'imposteur dans votre quotidien.
- Repérer les situations ou contextes dans lesquels il peut se manifester, de manière précise.
- Pouvoir s'y préparer et utiliser les exercices de manière ciblée.

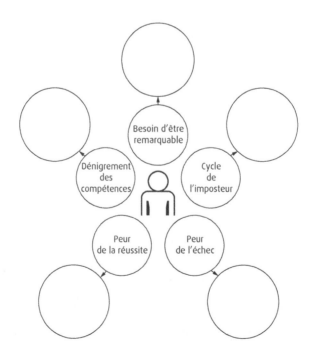

74

Voilà donc comment se manifeste votre syndrome de l'imposteur au quotidien. Vous savez maintenant non seulement à quel degré il se manifeste, mais aussi dans quels domaines. Nous avons déjà fait un grand pas. Il est beaucoup plus facile de surmonter ces appréhensions et améliorer son comportement ou ses attitudes lorsque l'on sait comment le syndrome de l'imposteur peut apparaître.

L'acceptation inconditionnelle de soi

Nous parlons souvent dans la vie courante de « l'estime de soi » : elle nous permet d'évaluer la valeur que nous nous accordons et elle est généralement comprise comme l'attitude positive ou négative que nous avons envers nous-mêmes. Or cette notion a été définie avec précision dans la littérature scientifique pour la première fois au cours des années 1960 par Morris Rosenberg ; elle était **basée sur l'estimation de notre performance ou de notre compétence** dans un domaine donné.

Ce que l'on entend couramment par « estime de soi » n'est donc pas en accord avec sa définition dans la littérature scientifique. Cela a généré beaucoup de confusion pendant des années : l'estime de soi ne peut pas être un sentiment stable puisqu'elle se fonde sur notre performance – qui est fluctuante (nous avons tous tendance à échouer parfois). Donc, si l'estime de soi se fonde sur notre performance, il va de soi qu'elle sera affectée par ses fluctuations. Un tel concept n'apporte rien à notre bien-être : si notre attitude envers nous-même est sans cesse en train de changer, il est difficile de nous faire confiance et d'établir un concept positif de nous-mêmes.

Si ce n'est pas l'estime de soi, qu'est-ce qui nous donne le sentiment de notre valeur ? Notre réponse est : **l'acceptation inconditionnelle de soi**, telle que l'a proposée Albert Ellis dans son approche de la psychothérapie. Cette approche trouve ses origines dans la philosophie grecque, notamment chez les stoïciens (Épictète en particulier) et fait l'hypothèse suivante : **tout être humain est faillible et peut être** amené à se comporter de manière maladroite, mais cela n'enlève en rien sa valeur en tant qu'être humain, et il mérite d'être accepté, peu importe sa performance.

Albert Ellis avance l'idée que, même si la performance d'un individu n'est pas optimale à un moment donné, il est impossible de juger de la valeur de l'individu, tout entier, sur la base de cette performance. Selon lui, être « totalement mauvais voudrait dire que tout aspect de l'individu est, et a toujours été, 100 % mauvais depuis le début de son existence » (Ellis et Maclaren, 2005).

Selon lui toujours, nous avons pourtant tendance à *nous* étiqueter (ou à étiqueter *les autres*) négativement à partir d'un seul aspect, en généralisant à la personne entière. En revanche, il est très rare que nous généralisions une attitude « super-positive » envers nous-mêmes (ou les autres) selon un seul aspect positif (quel paradoxe !).

Notre objectif serait donc d'identifier les aspects que nous souhaitons changer, tout en acceptant le reste et en croyant en notre valeur fondamentale et en notre droit à l'acceptation inconditionnelle. Nous accepter ne veut pas dire renoncer à changer, baisser les bras et se résigner à tout. Au contraire, cela signifie vouloir faire au mieux et chercher à progresser.

Il existe également une idée selon laquelle l'absence de honte à la suite d'une mauvaise performance n'amène aucune motivation à faire mieux ; la honte serait un moteur. Pourtant, les études scientifiques ainsi que le travail clinique nous montrent que, lorsque nous ne nous acceptons pas inconditionnellement, la honte ne nous aide pas à progresser. Selon Albert Ellis, il vaut mieux ressentir du regret, ou encore de la culpabilité, car nous n'avons pas pu faire mieux. La honte, elle, nous bloque. Cette idée est reprise par Brené Brown qui souligne que les situations de honte nous empêchent de mieux faire car il est trop difficile de se confronter à ce sentiment. Nous avons donc tendance à le mettre de côté en espérant... qu'il parte tout seul.

Selon ces deux auteurs, si nous pouvons confronter notre honte, soutenus par un fort sentiment d'acceptation inconditionnelle, nous pouvons la transformer en regret et en désir de faire mieux.

Voyons maintenant quel est votre degré l'acceptation inconditionnelle et comment celle-ci se manifeste.

« Et cette fois, c'est grave docteur ?... »

Nous vous présentons en annexe de ce chapitre un second questionnaire permettant de mesurer votre degré d'acceptation inconditionnelle de soi, issu de la littérature scientifique.

Allez à la page 88 et faites ce nouveau test !

Objectif
→ Identifier à quel degré vous vous acceptez inconditionnellement.

Pour calculer le résultat, additionnez les points de la manière suivante :

1. Pour les questions 2, 3, 5, 8, 11, 16, 17, 18, 20 :
→ Presque toujours faux = 1
→ Habituellement faux = 2
→ Plus souvent faux que vrai = 3
→ Aussi souvent vrai que faux = 4
→ Plus souvent vrai que faux = 5
→ Habituellement vrai = 6
→ Presque toujours vrai = 7

2. Pour les questions 1, 4, 6, 7, 9, 10, 12, 13, 14, 15, 19 :
→ Presque toujours faux = 7
→ Habituellement faux = 6
→ Plus souvent faux que vrai = 5
→ Aussi souvent vrai que faux = 4
→ Plus souvent vrai que faux = 3
→ Habituellement vrai = 2
→ Presque toujours vrai = 1

Votre score :.................... / 140
→ **Plus le score à cette échelle est élevé,** plus vous présentez une acceptation inconditionnelle de vous-même.

Maintenant que vous connaissez le degré de votre acceptation inconditionnelle, essayons de cibler son étendue en fonction des différents domaines de votre quotidien.

S'accepter, partout ?

Comme précédemment, positionnez-vous sur le schéma suivant qui, cette fois-ci, vise à observer votre acceptation inconditionnelle dans les différents domaines de votre vie.

> **Mon acceptation inconditionnelle au quotidien**
>
> → **Consigne.** Prenez un temps pour réfléchir aux différents domaines dans lesquels votre acceptation inconditionnelle peut se manifester.
> Dans ce cercle, indiquez pour chaque domaine le degré de votre acceptation inconditionnelle (de 0 au centre à 7 à l'extérieur). Le but, au fur et à mesure de cet ouvrage, est ainsi de s'approcher du 7, témoignant d'une bonne acceptation inconditionnelle.
> → **Durée.** Quelques minutes.
> → **Objectifs**
> - Cibler votre acceptation inconditionnelle dans différents domaines ou contextes.
> - Comparer et identifier comment votre acceptation inconditionnelle et votre syndrome de l'imposteur peuvent être liés.

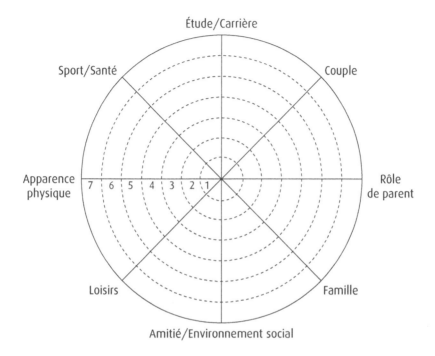

À présent, observez ce schéma et comparez-le à celui qui indique la répartition de votre syndrome de l'imposteur. Prenez votre temps pour bien en dégager la signification pour vous.

Voici nos pistes :

1. Comme l'acceptation inconditionnelle de soi et le syndrome de l'imposteur sont liés, vous devriez constater une relation inverse entre les deux : plus votre acceptation inconditionnelle est faible, plus votre syndrome de l'imposteur est élevé, et inversement, dans les différents domaines.

2. Travailler sur l'acceptation inconditionnelle de soi – ce que nous proposons tout au long de cet ouvrage – peut être un outil efficace si vous êtes sensibles à cette notion. Pourquoi ne pas essayer ?

> **Quel bilan faites-vous de la comparaison de ces deux schémas ?**
>
> ....
> ....
> ....
> ....
> ....

Pour conclure : accepter son syndrome de l'imposteur et s'accepter soi-même

Bien comprendre son syndrome de l'imposteur permet d'y remédier. Au cours de ces trois chapitres, vous avez pu non seulement le décrire, l'identifier et le mesurer – de manière précise et selon les contextes – mais aussi mieux l'accepter. Le fait de noter (et de voir et revoir !) les éléments du syndrome de l'imposteur et les contextes de votre vie où celui-ci se manifeste particulièrement, vous permet d'entrevoir un chemin pour le surmonter.

Chacun a son histoire autour du syndrome de l'imposteur. Les études empiriques et les travaux cliniques permettent d'envisager la multitude des contextes qui peuvent favoriser son apparition. Les outils présentés vous ont permis de *vous* positionner de manière *personnelle* pour le surmonter efficacement.

Il est alors possible que vous soyez plus ou moins concerné(e)s par les chapitres 4, 5 et 6… Dans ce cas, il n'est pas nécessaire de tout lire. Il suffit, dans un premier temps, de travailler les aspects de ce syndrome les plus saillants et de bien comprendre le cycle (chapitre 7) pour vous mettre sur la voie d'une meilleure adaptation.

C'est donc maintenant à vous de choisir :

✓ Vous pouvez poursuivre votre lecture dans l'ordre proposé par ce livre, étant donné que nous allons successivement travailler ces différentes notions selon les chapitres correspondants ;
✓ Ou vous pouvez directement vous référer au chapitre qui vous semble le plus approprié pour vous.

→ Vous voulez surmonter la peur de l'échec et du succès ? Rendez-vous au chapitre 4.
→ Vous désirez travailler sur votre besoin de reconnaissance ? Nous vous retrouverons au chapitre 5 !
→ Vous avez noté un dénigrement des compétences ? Continuez avec le chapitre 6.

Retenez cependant que les chapitres 7 et 8 sont, quoi qu'il en soit, incontournables ! Et ce, tant pour rompre le cycle de l'imposteur que pour consolider le travail issu des chapitres précédents.

Mais n'oubliez pas !

→ Il est préférable que vous preniez votre temps dans la réalisation des différents exercices que nous allons vous présenter (généralement, nous conseillons une semaine).
→ C'est la répétition et la continuité de ces exercices qui vous permettront d'en mesurer les effets de manière plus efficace et de progresser.
→ N'hésitez pas à emporter ce livre avec vous afin d'y noter ce qui vous paraît intéressant en fonction des exercices proposés (comme un carnet ou un journal).
→ Vous pourrez aussi relire tranquillement les chapitres sur lesquels vous travaillez en fin de journée pour consolider vos acquis.

Mon cahier d'exercices

Je mesure mon syndrome de l'imposteur

Je fais le test (1)

→ **Consigne.** Pour chaque question, indiquez à quel point l'énoncé est vrai pour vous.
Il est préférable de donner la première réponse qui vous vient à l'esprit plutôt que de vous arrêter sur chaque énoncé et y penser à plusieurs reprises.

→ **Durée.** Quelques minutes.

Questionnaire du Syndrome de l'Imposteur

	Pas du tout	Rarement	Parfois	Souvent	Tout le temps
1. J'ai déjà réussi un test ou une tâche même si j'avais peur de ne pas la réussir avant de la commencer.					

Je mesure mon syndrome de l'imposteur

	Pas du tout	Rarement	Parfois	Souvent	Tout le temps
2. Je peux donner l'impression que je suis plus compétent(e) que je ne le suis réellement.					
3. J'évite si possible les évaluations et j'ai peur que les autres m'évaluent.					
4. Quand les gens me font un compliment sur quelque chose que j'ai réalisée, j'ai peur de ne pas être capable d'être à la hauteur de leurs attentes à l'avenir.					
5. Je pense que j'ai obtenu ma position actuelle, ou que j'ai réussi, parce qu'il m'est arrivé d'être au bon endroit au bon moment, ou parce que je connaissais les bonnes personnes.					
6. J'ai peur que les personnes qui me sont importantes puissent découvrir que je ne suis pas aussi capable qu'ils le pensent.					
7. J'ai tendance à me rappeler les fois où je n'ai pas fait de mon mieux plutôt que des moments où j'ai fait de mon mieux.					

	Pas du tout	Rarement	Parfois	Souvent	Tout le temps
8. Je réalise peu un projet ou une tâche aussi bien que je voudrais le faire.					
9. J'estime ou je crois que mon succès dans la vie ou dans mon travail est dû à une erreur.					
10. Il est difficile pour moi d'accepter des compliments ou des éloges sur mon intelligence ou ma réussite.					
11. J'estime que mon succès est dû à la chance.					
12. Je suis déçu(e) de ce qui j'ai pu réaliser jusqu'ici et j'estime que je devrais pouvoir réaliser beaucoup plus.					
13. J'ai peur que les autres découvrent mon véritable manque de connaissance ou manque d'intelligence.					
14. J'ai peur d'échouer à une nouvelle tâche même si je réussis généralement ce que j'essaie.					
15. Quand j'ai réussi une tâche et qu'on a reconnu mon succès, j'ai des doutes quant à mes capacités à pouvoir continuer à réussir.					

Je mesure mon syndrome de l'imposteur

	Pas du tout	Rarement	Parfois	Souvent	Tout le temps
16. Si je reçois beaucoup d'éloges ou de reconnaissance pour quelque chose que j'ai réalisée, j'ai tendance à minimiser l'importance de ce que j'ai fait.					
17. Je compare mon intelligence à ceux qui m'entourent et je pense qu'ils sont peut-être plus intelligents que moi.					
18. Je m'inquiète de ne pas réussir à un projet ou à un examen, bien que mon entourage ait une confiance absolue en ma réussite.					
19. Si je vais recevoir une promotion ou une reconnaissance de quelque sorte, j'hésite à le dire aux autres jusqu'à ce que ce soit un fait accompli.					
20. Je me sens mal et découragé(e) si je ne suis pas « le (la) meilleur(e) » ou au moins « remarquable » lorsqu'il faut réussir.					

Mon score : .... / 100

Mon syndrome de l'imposteur au quotidien

→ **Consigne.** Prenez un temps pour réfléchir aux différents domaines dans lesquels votre syndrome de l'imposteur peut se manifester.
Dans ce cercle, indiquez pour chaque domaine le degré de votre syndrome de l'imposteur (de 0 au centre à 7 à l'extérieur). Le but, au fil de votre lecture, est ainsi d'être le plus possible autour de 0, témoignant d'un faible degré du syndrome.

→ **Durée.** Quelques minutes.

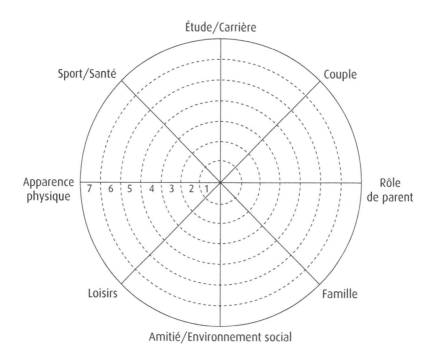

Je mesure mon syndrome de l'imposteur

Mon syndrome et moi

→ **Consigne.** Indiquez dans les cercles correspondant des exemples précis de manifestations du syndrome de l'imposteur dans votre quotidien.
→ **Durée.** Quelques minutes.

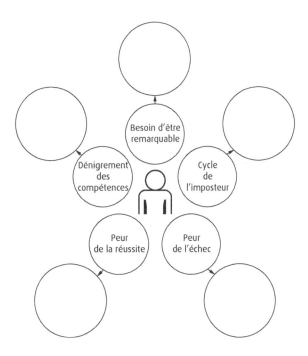

87

> ### Je fais le test (2)
> → **Consigne.** Indiquez à quelle fréquence chaque affirmation suivante est vraie ou fausse pour vous.
> → **Durée.** Quelques minutes.

Questionnaire d'Acceptation inconditionnelle de soi

	Presque toujours faux	Habituellement faux	Plus souvent faux que vrai	Aussi souvent vrai que faux	Plus souvent vrai que faux	Habituellement vrai	Presque toujours vrai
1. Quand quelqu'un me fait un compliment, je suis plus attentif au plaisir que ça me fait qu'au message à propos de mes capacités, mes atouts.							
2. Je me sens valable, même si j'échoue à certains objectifs importants pour moi.							
3. Quand je reçois une critique négative, je la prends comme une possibilité d'améliorer mon comportement ou ma performance.							
4. Je pense que certaines personnes ont plus de valeur que d'autres.							
5. Faire une grosse erreur peut être décevant mais ne change rien à ma perception globale de moi-même.							

Je mesure mon syndrome de l'imposteur

	Presque toujours faux	Habituellement faux	Plus souvent faux que vrai	Aussi souvent vrai que faux	Plus souvent vrai que faux	Habituellement vrai	Presque toujours vrai
6. Parfois je me demande si je suis une bonne ou une mauvaise personne.							
7. Pour me sentir valable, je dois être aimé(e) par les personnes importantes pour moi.							
8. Quand je me fixe des objectifs, tenter d'atteindre le bonheur est plus important que de me prouver quelque chose.							
9. Je pense qu'être doué(e) pour beaucoup de choses fait de quelqu'un globalement une bonne personne.							
10. Mon sentiment de valeur dépend des comparaisons que je fais entre moi et les autres.							
11. Je crois que je suis valable simplement parce que je suis un être humain.							
12. Quand je reçois une critique négative, je trouve souvent difficile de rester ouvert(e) à ce que dit la personne à mon sujet.							
13. Je me fixe des buts qui, j'espère, prouveront ma valeur.							
14. Être mauvais(e) dans certains domaines fait diminuer mon sentiment de valeur personnelle.							

	Presque toujours faux	Habituellement faux	Plus souvent faux que vrai	Aussi souvent vrai que faux	Plus souvent vrai que faux	Habituellement vrai	Presque toujours vrai
15. Je pense que les personnes qui réussissent ce qu'elles font sont des personnes particulièrement valables.							
16. Pour moi les compliments sont plus importants pour m'indiquer mes qualités que pour me prouver ma valeur personnelle.							
17. Je pense être une personne de valeur même quand les autres me désapprouvent.							
18. J'évite de me comparer aux autres pour savoir si je suis une personne ayant de la valeur.							
19. Si je suis critiqué(e) ou que j'ai un échec, ma perception de moi-même se dégrade							
20. Je ne pense pas que ce soit une bonne idée de juger ma valeur en tant qu'être humain.							

Mon score : ………………… / 140

Je mesure mon syndrome de l'imposteur

Mon acceptation inconditionnelle au quotidien

→ **Consigne.** Prenez un temps pour réfléchir aux différents domaines dans lesquels votre acceptation inconditionnelle peut se manifester. Dans ce cercle, indiquez pour chaque domaine le degré de votre acceptation inconditionnelle (de 0 au centre à 7 à l'extérieur).
Le but, au fur et à mesure de cet ouvrage, est ainsi d'approcher le 7, témoignant d'une bonne acceptation inconditionnelle.

→ **Durée.** Quelques minutes.

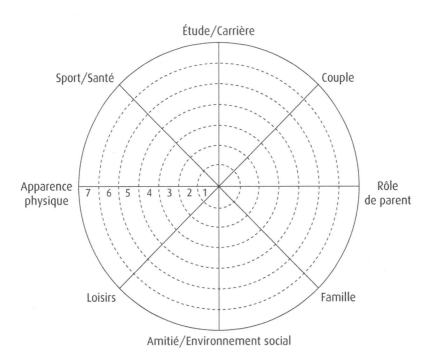

4

La maison n'accepte pas l'échec : le paradoxe de la peur du succès

> « Je n'ai pas échoué.
> J'ai simplement trouvé 10 000 solutions qui ne fonctionnent pas. »
> *Thomas Edison*

Objectifs

→ Comprendre la peur du succès et sa relation au syndrome de l'imposteur.
→ Relativiser entre l'échec et le succès.
→ Les bonnes pratiques pour optimiser le succès.

La peur de l'échec

La falaise de l'échec – ça fait peur !

Amandine, succès à la détresse

Amandine a commencé le violon à 5 ans. Elle a tout de suite démontré un don pour cet instrument et, grâce à une attitude positive envers l'exercice et l'entraînement, à l'âge de 16 ans, elle a réussi le concours du Conservatoire national.

Tout au long de son parcours avec le violon, son travail a été surtout remarquable du fait de plusieurs succès. À chaque nouveau succès, Amandine ressentait l'approbation et l'amour de ses parents ainsi qu'un lien très positif avec son professeur. Ses camarades la respectaient et l'admiraient pour ses capacités. Les rares fois où Amandine avait connu des échecs, elle avait immédiatement compris que les personnes importantes dans sa vie étaient très déçues, parfois jusqu'au point qu'ils expriment leur mécontentement envers elle. Ses parents avaient parfois indiqué leur déception en ne lui parlant pas, et son professeur l'avait punie par des remarques très négatives.

Son succès au grand concours était d'autant plus important qu'Amandine était persuadée que ces personnes ne pourraient plus jamais douter d'elle par la suite.

Pourtant, une fois arrivée au Conservatoire national, Amandine s'est trouvée confrontée à un niveau de concurrence élevé, plus élevé qu'à l'habitude. Espérant trouver de l'empathie auprès de ses parents, elle fut très déçue d'entendre ces derniers lui dire : « Qu'elle en faisait trop avec sa peur stupide et qu'elle réussirait certainement. » Son professeur ne fut pas d'un réconfort plus grand non plus : « Tu sais faire face à ce stress, je n'attends que le meilleur de toi. »

Amandine s'est sentie très seule, sans aucune aide face à sa détresse. Pire encore, elle comprenait que ces personnes n'accepteraient pas un échec devant ce nouveau défi. Et le comble : elle était persuadée que ces personnes importantes ne l'accepteraient plus si elle ne réussissait pas.

Même si nous ne sommes pas tous au niveau d'Amandine, nous pouvons certainement ressentir de l'empathie pour elle dans sa situation. Le paradoxe de la réussite d'Amandine révèle de multiples difficultés pour elle.

D'abord, cette expérience lui a montré que la réussite était essentielle pour son bien-être : si elle voulait se sentir acceptée et acceptable par les personnes importantes dans sa vie, elle devait réussir à tout prix (notons que le manque d'acceptation inconditionnelle d'Amandine par ses parents et son professeur est à l'origine de ce besoin de réussir chez elle).

Ensuite, Amandine a compris que la réussite lui donnait l'approbation dont elle avait besoin et que l'échec ne lui apporterait que du malheur. De plus, confrontée à des enjeux toujours plus importants associés à chaque étape de sa réussite, Amandine a ressenti de plus en plus de stress. Au lieu de pouvoir accepter et profiter de ses succès, elle a été amenée à travailler encore plus et toujours davantage pour conforter son succès, mais avec de plus en plus de difficulté.

Nous avons évoqué, dans le chapitre 2, notre tendance à apprendre tout au long de notre vie et l'influence de ces apprentissages sur notre comportement. De même, nous avons évoqué le fait que les expériences négatives ont plus d'impact dans nos apprentissages – et l'échec en est un exemple excellent. Vivre un échec nous apprend surtout une chose : on n'a pas envie d'en vivre un autre.

Considérons maintenant Hannah, qui a connu un échec isolé qui l'a longtemps affecté.

La peur de l'échec – une fois apprise, véhiculée pour toujours

Hannah : l'échec s'apprend aussi

Hannah était une bonne étudiante en psychologie, et elle avait une excellente relation avec son directeur de recherche qui avait, lui, un excellent regard sur Hannah. Ce professeur était également l'enseignant de son cours de psychopathologie. Hannah, débordée par ses cours de troisième année, son travail et sa vie privée, n'a pas très bien réussi l'examen de fin de l'année (10/20). Son professeur, très déçu de la performance de son étudiante « vedette », a partagé sa déception avec elle

> sur sa copie... en la blâmant de ne pas avoir pris au sérieux les révisions. Dans un premier temps, Hannah a ressenti une grande frustration car elle était persuadée que son professeur ne mesurait pas son niveau de stress. Cette première réaction était relativement adaptée de sa part. Cependant le message de l'échec s'est ancré : elle a manifesté une anxiété importante lors des examens, et surtout une peur de ne pas être à la hauteur de ceux qu'elle admire. Cette expérience, très négative, a, à la fois, fait naître une aversion à l'échec et une peur de perdre le respect des autres liées à son éventuel échec. Plus tard dans sa vie, Hannah a mis en avant cette expérience comme étant une source de honte et de tristesse derrière son syndrome de l'imposteur.

Il suffit donc de vivre un échec isolé pour comprendre que nous ne souhaitons pas en vivre d'autres dans un domaine donné.

Notre tendance à nous concentrer sur le négatif et notre capacité à généraliser nos apprentissages se révèlent dans la situation d'échec et impactent notre confiance en soi ainsi que notre amour-propre. Il est donc évident que l'échec aura un effet sur notre estime de soi. Si nous avons la chance de nous accepter inconditionnellement, il nous sera plus facile de vivre un échec. Mais, comme le syndrome de l'imposteur est peu compatible avec l'acceptation inconditionnelle, les personnes qui en souffrent se trouvent souvent en manque d'acceptation d'eux-mêmes lorsqu'elles sont confrontées à un échec ou à l'idée d'un échec. Le vécu de l'échec, surtout dans ce syndrome, induit un paradoxe : même si l'individu a peur de l'échec, il peut aussi ressentir une peur de la réussite. Quels sont les mécanismes à l'œuvre derrière cette peur de réussir qui semble très contradictoire ? Comment expliquer la peur de la réussite ?

1. Face à un défi, la peur de l'échec nous met en difficulté pour réaliser une bonne performance. Même si nous réussissons, ce qui est le plus souvent le cas, la peur de l'échec sera plus fortement associée à notre vécu de performance que le succès. N'oublions pas que nous apprenons mieux lorsque notre expérience est

négative. Notre cerveau ne fait pas la part des choses entre la peur de l'échec et la réussite vécue et ainsi nous avons peur non seulement d'échouer mais aussi de réussir. Mais ce n'est pas le seul mécanisme en jeu dans cette peur contradictoire de réussir/ échouer.

2. L'échec fait souvent naître des critiques – que nous aurons tendance à intégrer et à nous répéter par la suite. Ces messages nuisent à notre confiance en soi et notre bien-être. Mais nous sommes victimes de messages contradictoires concernant l'échec et la réussite.

✓ D'une part, il ne faut surtout pas échouer : si nous souhaitons garder notre amour-propre et l'amour des autres, notre besoin d'approbation fait que nous n'avons pas envie d'échouer.

✓ D'autre part, réussir est aussi associé à un ressenti négatif : les parents mettent souvent en garde contre « la grosse tête » et la prétention. Nos enseignants craignent souvent (et probablement à tort) que, trop contents de nous, nous nous arrêtions de travailler. Cela se retrouve aussi dans les autres domaines de la vie.

3. Un autre élément appartient à notre culture, c'est la superstition : si nous réussissons, il ne faut surtout pas attirer l'attention « du mauvais œil ». Cette idée de taire nos sentiments positifs concernant notre capacité à réussir est aussi un évitement de cette peur d'échouer.

4. Même des encouragements bienveillants à l'occasion d'un succès peuvent induire l'idée que notre réussite sera difficile à reproduire. D'où une peur de l'échec qui va de pair avec la peur de décevoir l'autre.

5. Enfin, nous avons vu dans le chapitre 2 que le syndrome de l'imposteur apparaît souvent au sein de la famille. Si nous avons un frère ou une sœur particulièrement doué(e) dans un domaine, nos parents peuvent nous empêcher d'explorer et de réussir dans ce même domaine par peur de minimiser la réussite de l'autre enfant. C'est souvent inconscient de leur part, pourtant l'envie

d'attribuer à chaque enfant un domaine de compétence différent est très forte dans notre société. Réussir dans un domaine où d'autres ont connu un succès peut induire que nous sommes en train de trahir ceux que nous aimons le plus.

> **Sandrine et le chant**
>
> Dès son plus jeune âge, Sandrine a aimé chanter. Sa grande sœur Liliane, de cinq ans son aînée, était déjà excellente en musique et en chant. Quand Sandrine se mettait à chanter, tout le monde la comparait à Liliane. Cette comparaison, au début, n'était pas très facile à vivre car la différence d'âge faisait que Liliane était beaucoup plus compétente que Sandrine. Souvent, on mettait en avant que Liliane était la « meilleure » chanteuse de la famille. Pourtant, en grandissant, Sandrine a développé une très belle voix. Une fois adolescente, elle a réussi des concours de chant que sa sœur, elle, n'avait pas réussi auparavant. Cette réussite a été mal vécue par tout le monde – y compris Sandrine. Liliane avait l'impression d'avoir été « dépassée » par sa sœur ; les parents ont exprimé leur déception envers Sandrine d'avoir « mis le nez dans le domaine de sa sœur ». Et Sandrine, pourtant face à une belle réussite, a perdu l'envie de chanter et a mis plusieurs années à chanter à nouveau.

Comme pour Sandrine, la réussite dans un domaine habituellement associé à l'un de nos proches (comme étant un lieu de grandes compétences pour lui) aura comme effet :

- ✓ non seulement le sentiment de ne pas mériter son succès ;
- ✓ mais aussi d'avoir trahi ce proche.

Échec, jalousie des autres et peur de la découverte

Nous avons déjà vu à quel point un « imposteur » a peur d'être « découvert ». Et, nous avons vu que c'est souvent des personnes très compétentes qui souffrent du syndrome de l'imposteur. Nous savons tous que les personnes compétentes peuvent être jalousées et enviées par les autres : « Elle sait tout faire, et en plus elle est belle. Ce n'est pas juste ! » ; « Il réussit tout, il a une femme formidable et la famille parfaite. Ce n'est pas normal ! »

Ces attitudes peuvent approfondir la peur des gens qui souffrent du syndrome de l'imposteur d'être démasqués, car la jalousie nous donne parfois l'impression que les autres ont envie de nous voir échouer. Ainsi, la compétence perçue par les autres nous rend trop vulnérables aux critiques et attitudes négatives des autres.

Une fois que la possibilité de l'échec se profile, et que nous percevons les attitudes négatives des autres (même si ces autres n'adoptent pas réellement ces attitudes, nous pouvons avoir cette croyance irrationnelle), notre croyance va vite dévier vers l'idée que, si nous échouons, les autres vont voir que nous sommes, finalement, des imposteurs !

Ainsi, la peur de l'échec amène, par un chemin détourné, vers la peur d'être « démasqué ». En fait, la peur s'associe toujours à la peur, et les personnes souffrant du syndrome de l'imposteur ont, à la base, la peur d'être découvertes. Si nous échouons, cette possibilité d'être démasqué devient, pour elles, une réalité.

Travail frénétique versus procrastination

Enfin, nous avons vu que le syndrome de l'imposteur implique un cycle comportemental. Confrontées à une tâche importante, les personnes qui en souffrent ont tendance à :

- ✓ soit se mettre au travail de manière frénétique ;
- ✓ soit procrastiner.

Si ces individus se questionnent sur leur comportement, l'origine de ces deux comportements opposés peut être la peur de l'échec : « Je ne suis pas capable d'y arriver... ».

Ainsi, le premier travaille comme un fou pour y arriver et prouver ses compétences, tandis que le second évite d'y penser et se met tardivement au travail. Ces deux modes de fonctionnement ne sont pas forcément adaptés et nous verrons dans le chapitre 7 comment mieux appréhender et faire face au cycle du syndrome de l'imposteur.

La relation entre l'échec et la réussite devient très compliquée à démêler pour les personnes souffrant du syndrome de l'imposteur. Mais, il y a de l'espoir ! Tout comme nous avons appris de mauvaises habitudes concernant nos attitudes devant l'échec et la réussite, nous pouvons apprendre de nouvelles attitudes.

> **Cibler les échecs**
>
> → **Consigne.** Dans le schéma suivant, en fonction des domaines de vie où peut s'exprimer votre syndrome de l'imposteur :
> 1. Choisissez une couleur qui représentera vos échecs et une couleur différente pour vos réussites.
> 2. Coloriez le(s) domaine(s) où vous avez l'impression d'avoir échoué, totalement ou partiellement, en vous basant sur les différents niveaux.
> 3. Faites de même dans le(s) domaines où vous avez réussi.
>
> → **Durée.** Quelques minutes.
>
> → **Objectifs**
> - Comprendre nos impressions d'échec.
> - Cibler ces impressions pour éviter la généralisation.

Observez-vous un lien avec votre syndrome de l'imposteur en fonction du domaine ?

La maison n'accepte pas l'échec : le paradoxe de la peur du succès

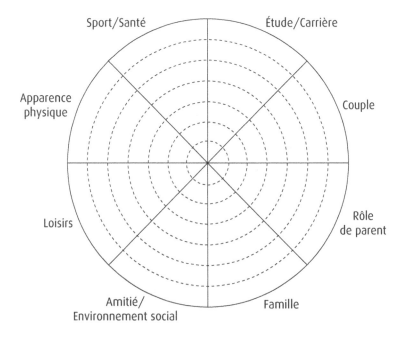

> **Faisons déjà un premier constat.**
>
> → **Si vous avez colorié l'ensemble d'un domaine** avec la couleur représentant l'échec, vous avez une tendance à évaluer globalement et à généraliser. Rappelez-vous ce que nous avons abordé au chapitre 3 concernant l'acceptation inconditionnelle de soi et sur l'« étiquetage » à partir d'un seul élément négatif.
>
> → **Si vous avez colorié une partie d'un domaine** avec la couleur représentant l'échec, vous êtes déjà en mesure de pouvoir établir quelques nuances dans votre processus de pensée. Néanmoins, il se peut que vous ayez colorié une grande partie de ce domaine en échec, témoignant de notre tendance à nous centrer sur les événements ou éléments négatifs de notre vie. L'exercice suivant vous sera bien utile.

Savoir relativiser le succès et l'échec

Tout d'abord, nous allons examiner notre attitude devant l'échec. Nous avons souligné que nous sommes plus facilement mobilisés par la peur ou la menace et que notre capacité à apprendre est améliorée si le résultat est négatif. L'échec représente un résultat négatif que nous n'avons pas envie de vivre : autrement dit, on apprend à éviter l'échec.

Ne pas avoir peur de l'échec

Cependant, notre croyance que l'échec est négatif vient de la désapprobation des autres. Sandrine comme Hannah ont connu la désapprobation liée à leurs échecs. En fait, quand nous vivons un échec, et lorsque nous sommes critiqués ou non acceptés à cause de cet échec, nous élaborons des idées négatives non pas à cause de l'échec lui-même mais du fait du résultat de l'échec – la non-acceptation. Le lien se fait rapidement entre « échec » et « négatif ».

Ce processus met en évidence comment nous pouvons être conditionnés à la peur de l'échec. Pourtant, l'échec n'est pas généralisable ; autrement dit, même si nous vivons un échec cela ne « prouve » pas que nous en vivrons un autre, que cela soit dans le même domaine ou non. Et parce que l'échec nous fait peur, il nous obsède.

Se focaliser sur les échecs ou sur les réussites ?

→ **Consigne.** Reprenez un domaine dans lequel vous avez réalisé l'exercice précédent et munissez-vous de deux feutres de couleurs différentes pour remplir les cercles suivants :
1. Repensez à un échec et coloriez l'un des cercles, qui lui correspondra, dans une couleur (sur un côté ou au milieu).

2. Quelles réussites êtes-vous en mesure d'identifier à présent dans ce même domaine ? Coloriez les cercles correspondants de la seconde couleur tout autour du premier cercle « échec » que vous avez colorié.
3. Quel constat pouvez-vous formuler : avez-vous plus d'échecs ou de succès ?
→ **Durée.** Quelques minutes.

Objectifs
→ Observer que notre attention est davantage attirée par les échecs plutôt que les succès.
→ Relativiser une attitude de généralisation de l'échec.

> **Quel constat pouvons-nous faire ?**
> → **Si vous notez plus de réussites que d'échecs** : vous constatez que nous sommes naturellement amenés à pointer nos échecs alors que, de manière objective, ils ne sont pas représentatifs de ce que nous sommes capables de faire.
> → **Si vous notez plus d'échecs que de succès** : vous rendez-vous bien compte de toutes vos réussites ? Ou cela témoigne-t-il d'un dénigrement des compétences ?

En annexe de ce chapitre, nous vous proposons d'approfondir cet exercice. N'hésitez pas à considérer plusieurs domaines pour vous rendre compte du poids de vos échecs et de votre tendance à la généralisation. Cela vous permettra aussi de relativiser la notion d'échec.

La valeur de l'échec

Un autre élément que nous oublions souvent, c'est que l'échec **n'est pas sans valeur**. Il peut nous apporter beaucoup en matière d'apprentissage. Autrement dit, un échec nous montre immédiatement ce qu'il ne faut pas faire. Et rien que cela nous permet de progresser !

> **Sandrine : un échec qui se transforme en succès**
>
> Sandrine, formée en tant qu'esthéticienne, a connu un bon succès dans sa profession. D'abord embauchée à 35 ans, par un institut de luxe, elle a pu s'installer en tant qu'esthéticienne dans son propre institut. Pendant dix ans, elle a connu le succès ; ses clients l'appréciaient non seulement pour ses soins mais aussi pour son humanisme et sa passion pour son métier. Pourtant, à la suite de la crise économique, elle a dû fermer son institut l'année de ses 45 ans. Pour Sandrine, l'échec s'est fait ressentir à plusieurs niveaux : économique, somatique (elle a souffert de problèmes digestifs les dernières années, souvent liés au stress généré par son entreprise)

et psychologique (anxiété, dépression, manque de vitalité et mal-être). Sandrine s'est sentie en échec « total ».

Elle a tenté de considérer la fermeture de son institut avec une attitude positive, mais malgré cette tentative, elle craignait pour son avenir : 45 ans, peu d'expériences professionnelles depuis sa formation, peu de formation continue depuis quelques années. Elle était persuadée qu'elle ne trouverait pas de travail ; du moins, pas un travail qui l'avait passionnée autant que son institut.

Sandrine a été surprise lors de sa première visite à Pôle Emploi quand sa conseillère lui a parlé de trois postes pour des esthéticiennes expérimentées. Les trois postes lui semblaient impossibles : des postes de niveau cadre dans des instituts de luxe. Sandrine avait de forts doutes quant à sa désirabilité, mais elle s'était rendue aux entretiens pour remplir ses obligations.

Sandrine a été surprise de ces différents instituts. Les trois instituts étaient prêts à l'employer immédiatement pour un salaire égal, ou supérieur, à son salaire en tant que dirigeante de son propre institut. Les conditions du travail étaient également très intéressantes, et Sandrine a pu trouver un institut où elle se sentait vraiment à sa place parmi ses collègues. Elle s'est même rendu compte que le stress de tenir son propre institut avait totalement disparu.

Presque deux ans après la fermeture de son institut, Sandrine a retrouvé un poste convenable avec un salaire correct, du temps libre pour avoir une vie plus épanouissante en dehors de son travail, et des conditions de vie plus favorables pour un bien-être positif global.

En considérant son expérience, Sandrine a conclu : « Si mon institut n'avait pas connu cet échec, je ne connaîtrais pas le bien-être que je connais actuellement. Finalement, tout arrive pour une bonne raison, même si je ne le voyais pas ainsi il y a quelque temps. »

« Tout arrive pour une bonne raison… » Sandrine a tout à fait raison, mais il est parfois difficile de le reconnaître au moment d'un échec. Pourtant, les échecs listés dans l'exercice précédent ont, finalement, apporté du positif. C'est bien la preuve que l'échec peut être positif et c'est un excellent booster. Sinon, dites-vous que, tôt ou tard, les raisons de votre échec se manifesteront ; ayez confiance en cette croyance.

Il existe différents moyens pour nous conforter lors d'un échec, pour recadrer notre ressenti et le canaliser vers un sentiment plus positif. Nous pourrions nous dire :

- ✓ qu'il est difficile aujourd'hui de comprendre pourquoi cela nous est arrivé mais qu'un jour, cela prendra tout son sens ;
- ✓ que tout ce que l'on fait n'aboutit pas à un échec, il s'agit juste d'un vécu parmi d'autres.

Quelles affirmations positives pourriez-vous trouver ?

> → **Objectif**
> – Recadrer mes échecs comme des éléments positifs déguisés ou encore comme un lieu d'apprentissage.
>
> **Mes affirmations positives envers l'échec**
> ....
> ....
> ....
> ....
> ....

Cependant, acceptons qu'il soit possible d'anticiper l'échec – comme la réussite, ce que nous ferons dans les chapitres suivants. Après tout :

- ✓ les personnes qui présentent le syndrome de l'imposteur sont généralement pessimistes malgré leur motivation ;
- ✓ elles généralisent une erreur et considèrent une tâche entière comme un échec – ou elles-mêmes ;
- ✓ et, une fois la tâche réalisée, elles ne sont pas en mesure de considérer la réussite à sa juste valeur en ne se considérant pas à la hauteur.

Les échecs doivent être nuancés

Comme pour la majorité des éléments de la vie, il existe un continuum entre réussite et échec. Se situer sur un continuum signifie alors qu'une activité réalisée, bien qu'elle puisse ne pas être un « franc succès », garde une proportion de réussite (entre le 0 % et le 100 %). Il est rare d'aboutir à une réalisation qui soit un échec complet ou qui ait une majorité d'erreurs.

Relativiser l'échec

→ **Consigne.** Sur le diagramme ci-dessous :
- Notez sur le côté gauche de la flèche ce qui, pour vous, constitue un échec.
- À droite de la flèche, inscrivez ce qui constitue pour vous une réussite.

→ **Durée.** Quelques minutes.

Objectif
→ Nuancer les échecs en considérant tous les aspects d'une réalisation.

Mon activité : ....

0 % réussite   100 % réussite

→

Ce qui constitue un échec :	Ce qui constitue un succès :
1)	.... (1
2)	.... (2
3)	.... (3
4)	.... (4
5)	.... (5
6)	.... (6

Vous pourrez, à la fin de votre prochaine réalisation, prendre le temps de bien considérer cette tâche en prenant en compte les éléments présents à la fois du côté droit et du côté gauche.

> **Quel bilan faites-vous de ces exercices ?**
> ....
> ....
> ....
> ....

Ce qui intervient aussi dans la relation entre succès et échec

La honte et la culpabilité, similaires mais pas égales

Quand nous subissons un échec, hormis le manque d'approbation, nous ressentons souvent de la honte ou de la culpabilité, ou les deux en même temps.

La honte est un sentiment douloureux et destructeur. La culpabilité, si elle n'est pas aussi néfaste, peut également être dévastatrice. Considérons d'abord la différence entre ces deux émotions, en nous fondant sur les définitions proposées par Brené Brown (2015).

> → **La honte** : ressenti que l'on est « mauvais » à cause de ses actions ou tout simplement à cause de son existence. Par exemple, en retard à une réunion, quelqu'un qui ressent de la honte se dirait : « Je suis nul car je suis en retard. Je suis toujours en retard. »
>
> → **La culpabilité** : ressenti que l'on a mal fait ou que l'on n'est pas à la hauteur des espérances – pourtant avec la conviction que l'on pourrait faire ou être mieux. Pour reprendre l'exemple d'un retard à une réunion, quelqu'un qui ressent de la culpabilité se dirait : « Je n'aime pas être en retard. Je vais embêter les autres. J'espère faire mieux à l'avenir. »

La grande différence entre la honte et la culpabilité, selon Brown, peut donc se résumer ainsi : la honte dit : « Je suis nul, je suis un échec », la culpabilité dit : « J'ai mal fait, j'ai échoué, mais je ne suis pas un échec. » La honte concerne l'individu et ses sentiments envers lui-même. La culpabilité concerne surtout ce que l'on ressent par rapport à soi et aux autres ; elle est ainsi dirigée vers l'extérieur.

Quand nous avons mal fait, nous ressentons en général un mélange de honte et de culpabilité ; et souvent nous ne ressentons que la honte. La honte est un ressenti qui nous laisse très seuls et isolés des autres. Elle est à l'origine d'une détresse psychologique et parfois de manifestations psychopathologiques (notamment les addictions).

Lorsqu'on nous critique pour nos échecs, nous pouvons réagir différemment et notre réaction nous informera d'un ressenti de honte et/ou de culpabilité. Reprenons l'exemple d'être en retard. Si un collègue nous fait remarquer : « Cela nous a vraiment ennuyés que tu sois en retard », notre réaction peut être d'accepter la critique et de s'excuser ; c'est un signe de culpabilité qui serait appropriée – nous ne souhaitons pas embêter les autres et nous nous en excusons. En revanche, si nous ressentons de la honte, nous réagirons de différentes manières, moins positives.

1. La première manière d'exprimer la honte est de **rester dans le silence**. Dans l'exemple d'un retard, nous pourrons accepter la critique et ne rien dire ouvertement, tout en pensant : « Tu vois, tu es vraiment nul, tout le monde le pense. »

2. La deuxième manière de réagir serait de **chercher à faire plaisir aux autres** – s'excuser, faire comprendre à l'autre que nous savons que nous sommes défaillants, *extrêmement* défaillants : « Oui, désolé pour ce retard. Je sais que je suis vraiment sans espoir. Je ne sais pas quoi faire, j'espère que tu peux m'excuser… »

3. Ou enfin, nous pourrons **adopter une attitude défensive** envers notre collègue en le critiquant, en lui disant qu'il ne comprend pas, etc.

Ces trois réactions de honte ne nous aident pourtant pas à nous en débarrasser. Elle restera et sera réactivée la prochaine fois que notre performance ne sera pas optimale.

La meilleure réaction possible est celle qui nous amène à reconnaître notre erreur mais nous permet de conserver notre amour-propre. Si nous nous acceptons inconditionnellement, nous allons pouvoir ressentir le regret associé à la culpabilité, nous en excuser et faire mieux la fois suivante.

Un autre élément nous protège du ressenti de honte : c'est l'impression d'avoir mérité la critique. Les personnes qui ont tendance à ressentir de la honte pensent très souvent mériter les critiques qui leur sont adressées. Pourtant, même lorsque nous avons tort, nous pouvons expliquer la raison de notre comportement.

Reprenons l'exemple du retard. Si le collègue qui nous a critiqué répond à nos excuses en se mettant en colère ou en devenant agressif, nous pouvons :

- ✓ soit adopter une des trois attitudes de honte ci-dessus ;
- ✓ soit nous affirmer en disant : « Je ne suis pas en retard plus que les autres, et encore une fois, je regrette que cela soit arrivé. Je ne peux pas faire plus que m'excuser. »

Ce comportement d'affirmation de soi (Fanget, 2011) lié à la croyance profonde de ne pas mériter la critique, qui peut même nous amener à ressentir un niveau adapté d'indignation (sans pour autant dévier vers l'agressivité), peut, selon Brown, nous protéger de la honte.

La résilience face à la honte

Brené Brown souligne que les individus qui ne ressentent pas automatiquement la honte lors de situations difficiles sont ceux qui démontrent un niveau élevé de « résilience contre la honte ». L'élément qui construit notre résilience contre la honte, c'est l'empathie. L'empathie est le ressenti que nous manifestons envers nous-mêmes et les autres, qui nous aide à dépasser les événements difficiles.

L'empathie nous renseigne sur notre ressenti ou le ressenti d'autrui ; dans ce cas nous pouvons nous mettre à sa place et comprendre, de manière profonde et authentique, ce que l'autre ressent.

L'empathie génère du courage pour faire face, de la compassion pour soi et pour autrui et un sentiment d'appartenance – ne pas se sentir seul ou isolé. Quand nous arrivons à exprimer et à vivre l'empathie, soit en nous l'accordant, soit en la cherchant auprès des gens proches, nous sommes ainsi protégés de la honte.

Tenir la honte à distance

B. Brown nous pousse à considérer notre ressenti de honte afin de pouvoir l'identifier et le mettre à sa juste place. Elle propose les questions suivantes pour arriver à comprendre notre ressenti physiologique de la honte :

1. Comment est-ce que je ressens la honte de manière physique (au fond de ma gorge, en respirant rapidement, etc.) ? Il s'agit de l'expérience de la maîtrise.
2. Quels sont mes symptômes de la honte ?
   - Je sais que je ressens la honte avec les émotions suivantes...
   - Si je pouvais goûter la honte, elle aurait le goût de...
   - Si je pouvais sentir la honte, elle aurait l'odeur de...
   - Si je pouvais toucher la honte, elle aurait les aspects suivants...

Durée. Quelques minutes.

Objectif
→ Bien connaître votre ressenti de la honte.

Comment est-ce que je sais que je ressens la honte ? Quel est mon ressenti physiologique ?

....
....
....
....
....

Mes émotions liées à la honte sont :
....
....

Pour moi, le goût de la honte, c'est :
....
....

L'odeur de la honte est celle de :
....
....

Toucher la honte, c'est toucher :
....
....

Le courage a besoin de la vulnérabilité

La vulnérabilité nous permet d'explorer des terrains inconnus et les domaines qui nous mettent au défi (Brown, 2014b). Afin de progresser dans la vie, il est parfois nécessaire de sortir de notre zone de confort et de nous rendre vulnérables. Il faut être courageux pour accepter la vulnérabilité – elle n'est pas facile à vivre, mais les situations qui nous rendent vulnérables sont aussi celles qui nous font progresser.

Devant un défi, nous ressentons effectivement de la peur, et celle-ci nous rend vulnérable. La vulnérabilité est alors intimement liée à la peur de vivre un échec. Pourtant, si nous ne relevons pas le défi, si nous n'acceptons pas d'être vulnérables à ce moment, il est certain que nous n'avancerons pas.

Brown résume cette idée de la manière suivante : sans vulnérabilité, il n'y a pas de prise de risque ni de créativité ; sans créativité ou acceptation de défi, il n'y a pas la moindre chance pour le succès, ni pour évoluer. La vulnérabilité est donc nécessaire pour pouvoir faire face et réussir nos défis.

Accepter la vulnérabilité – ma recette personnelle

→ Voici quelques pistes pour mieux comprendre votre manière de faire face à la vulnérabilité, à la honte et à la culpabilité. En vous posant les questions suivantes, vous pourrez mieux comprendre où vous vous situez.
→ Pensez aux éléments suivants :
  1. Dans quels domaines se situent mes sentiments de honte ?
  – Rappelez-vous les exercices sur l'acceptation inconditionnelle dans le chapitre 3.
  – Quels sont les aspects de moi-même que je n'accepte pas ? Ai-je honte de ces aspects ? Si oui, comment puis-je faire pour les accepter – et ainsi non seulement améliorer mon niveau d'acceptation inconditionnelle mais aussi supprimer la honte ?
  2. Quelle est mon attitude envers la vulnérabilité ?
  – Est-ce que je vois la vulnérabilité comme une faiblesse ? Quelles sont les fois dans ma vie où j'ai ressenti de la vulnérabilité ? Quel était mon vécu à ces moments ? Ai-je pu progresser grâce à la vulnérabilité ? Ou bien est-ce que je me souviens surtout de mon inconfort et de ma peur ? Puis-je reconnaître l'importance de la vulnérabilité pour évoluer ?

Mes réponses concernant ces questions sur la honte et la vulnérabilité me font penser aux choses suivantes :

....
....
....
....
....
....
....
....
....

Les bonnes pratiques

L'auto-efficacité dans la vie de tous les jours

> **Gabrielle fait des listes**
>
> Tous les matins, après avoir pris son petit-déjeuner, Gabrielle fait une liste pour sa journée. Sur cette liste, elle inscrit les choses qu'elle doit faire : les tâches urgentes, les tâches qu'elle doit diviser en « sous-tâches ». Elle note alors ces sous-tâches à faire le jour-même tout en se rappelant qu'elle aura d'autres sous-tâches à réaliser pour le même projet dans les jours à venir. En fin de journée, Gabrielle peut rayer les choses qu'elle a faites et savoir si elle a été plus ou moins efficace dans sa journée.

L'habitude de Gabrielle de faire des listes l'aide non seulement à réaliser ses tâches quotidiennes mais lui donne aussi un feed-back sur sa performance. Vous seriez peut-être étonné de savoir que Gabrielle n'a que dix ans ! Mais, sur sa liste, elle rédige, par exemple, les choses suivantes : m'habiller, préparer mes affaires pour l'école, pratiquer le violon, dictée – relire et recopier –, calcul mental, prendre un bain, lire. Concernant la tâche « dictée », Gabrielle l'a divisée en sous-tâches : un jour, elle relit et recopie, un autre jour elle fait une dictée avec sa mère, puis le jour suivant elle reprend les mots qu'elle doit apprendre, et ainsi de suite. La tâche principale « dictée » à réaliser sur une semaine est découpée en sous-tâches raisonnables et réalisables, tout au long de la semaine. En découpant les grandes tâches ainsi, Gabrielle n'est pas trop impressionnée par l'apprentissage de sa dictée, elle peut le faire **étape par étape**. Dans le chapitre 7, nous vous fournissons des outils pour rendre vos objectifs plus accessibles, mesurer votre évolution et observer votre performance.

À dix ans, Gabrielle a déjà appris une chose importante sur l'auto-efficacité, même si elle ne connaît pas encore ce terme ! Elle a appris qu'il est important de s'organiser et de définir ses tâches (les listes), de découper certaines tâches pour les réaliser de manière plus réaliste (sous-tâches) et de reprendre sa liste tous les jours pour voir où elle en est. Cette dernière étape renseigne Gabrielle sur son « auto-efficacité » – en voyant qu'elle a pu faire un bon nombre de tâches sur sa liste (parfois toutes), elle comprend qu'elle est efficace. C'est son sentiment d'auto-efficacité. Il se trouve que ce renseignement – qui peut paraître anodin mais qui est plutôt positif – alimente un cycle positif. En observant qu'elle est plutôt efficace tous les jours, Gabrielle se sent capable et elle entame chaque journée avec confiance… car elle sait qu'elle est capable.

La définition de l'auto-efficacité

La notion d'auto-efficacité a été définie par Albert Bandura de la manière suivante : il s'agit des *croyances des individus concernant leurs capacités à avoir un niveau de performance adéquat pour exercer une influence sur les événements qui impactent leurs vies. Les croyances sur l'auto-efficacité déterminent comment et ce que les individus ressentent, comment ils se motivent et se comportent.*

Comme nous l'avons vu plus haut, avec sa liste quotidienne, Gabrielle croit qu'elle est capable de faire les tâches de sa liste et elle constate qu'elle peut avoir une influence sur les événements externes. Ayant constaté que cela l'aide (faire des listes), ce comportement est répété quasiment tous les jours. À la fin de sa journée, quand elle peut rayer presque toutes (ou toutes) les tâches de sa liste, Gabrielle a en effet un feed-back concret sur son efficacité. Grâce à ce feed-back, Gabrielle a un ressenti positif sur elle-même, et cela la motive à continuer et son comportement reste dans un registre positif et efficace.

Nous voyons donc que l'auto-efficacité peut engendrer un cycle positif.

Les sources de l'auto-efficacité

Bandura (2007) explique que l'auto-efficacité a quatre sources possibles :

1. Les **expériences de maîtrise** que nous avons vécues ; autrement dit, chaque fois que nous avons vu que nous étions efficaces. Dans l'exemple de Gabrielle, elle a l'habitude de faire ses listes, et elle a appris que cette habitude lui fait du bien. Elle ressent une maîtrise sur sa journée lorsqu'elle fait une liste et elle réalise un bon nombre de tâches sur sa liste.

2. Les **expériences « vicariantes » de maîtrise** ; quand nous voyons d'autres personnes réussir – et que nous pouvons analyser avec justesse et précision comment elles y sont arrivées –, cela nous donne un sentiment de maîtrise et une envie de faire pareil. Dans le cas de Gabrielle, c'est en fait sa mère qui fait des listes tous les jours et Gabrielle a vu non seulement combien cela pouvait l'aider pour ne pas trop s'éloigner de ses objectifs mais aussi combien cela faisait du bien de pouvoir rayer les tâches accomplies ! En observant cette maîtrise, Gabrielle a pris la même habitude.

3. La **persuasion verbale**, les encouragements et les influences sociales nous renseignent sur notre auto-efficacité. Dans le cas de Gabrielle, sa mère est fière d'elle quand elle fait une liste ; elle l'a même encouragée à écrire « me détendre » sur sa liste (puisqu'elle-même a compris l'importance de savoir se détendre, comme nous le verrons dans le chapitre 7). Par ailleurs, ses réussites en dictée amènent la maîtresse à lui dire à quel point elle est contente de Gabrielle. Ces encouragements et ces retours positifs alimentent l'envie de Gabrielle de continuer à développer son auto-efficacité.

4. Enfin, nos **états physiologiques et émotionnels** sont associés à notre sentiment d'auto-efficacité. Nous avons vu l'importance de l'association dans l'apprentissage. Quand les états physiologiques et émotionnels positifs sont liés à notre efficacité, cela

nous aide à continuer à cultiver les comportements qui nous procurent ses ressentis positifs. En voyant les tâches rayées sur sa liste, Gabrielle peut se détendre (état physiologique) et être contente d'elle-même (état émotionnel). Ces associations fortes la poussent à refaire une liste le lendemain.

Pourquoi n'avons-nous pas tous un bon sentiment d'auto-efficacité ?

Les personnes qui souffrent du syndrome de l'imposteur manquent d'un bon sentiment d'auto-efficacité, ce que confirment les études empiriques.

Les raisons à cela sont nombreuses : elles font parfois des comparaisons sociales mal adaptées (se comparer à des personnes plus capables qu'elles dans certains domaines), elles ont tendance à nier leurs succès et adoptent des comportements mal adaptés pour générer l'auto-efficacité (nous en parlerons d'avantage dans le chapitre 7).

Souvent, c'est surtout la manière dont sont traitées les informations qui pose problème. Si elles ont du mal développer un sentiment d'auto-efficacité, c'est parce qu'elles ne voient pas ce qui est positif chez elles. Autrement dit, elles ne prêtent pas attention aux moments où elles ont réussi et, au contraire, se focalisent sur les moments où elles n'ont pas atteint le niveau de réussite qui leur semble « acceptable ». En fait, les personnes qui souffrent du syndrome de l'imposteur n'arrivent pas à bien mesurer leurs véritables compétences.

Encore une fois, entre le positif et le négatif, chacun choisit... Or les personnes qui souffrent du syndrome de l'imposteur, « refusent » l'information provenant de l'extérieur, les informations positives, et ne s'en remettent qu'à leur ressenti. Le syndrome de l'imposteur les pousse à nier les compliments, leur voix intérieure leur donne plein de raisons de ne pas y croire, et ainsi la réalité est mise de côté. Il leur est alors impossible d'estimer leur juste valeur.

Une belle réussite

→ **Consigne.** Rappelez-vous d'une très belle réussite (allez... vous en avez au moins eu une !). Par exemple, si vous avez écrit une (particulièrement) bonne dissertation au collège pour lequel votre professeur vous a donné une bonne note et vous a complimenté... Nous vous demandons juste un exemple, peu importe lequel, même si c'est loin !

→ Pensez ensuite aux éléments suivants :

1. Comment avez-vous maîtrisé la tâche pour arriver à cette réussite ? (Pour un écrit, avez-vous passé du temps à préparer votre copie, la relire et la recopier ?)

– Il s'agit de **l'expérience de la maîtrise**.

2. Quels étaient les repères que vous avez utilisés pour arriver à cette réussite (par exemple, demander de l'aide, ou bien lire d'autres écrits pour avoir une bonne idée de comment le rédiger) ?

– Il s'agit des **moyens vicariants** que vous avez utilisés pour y arriver.

3. Quels ont été les retours verbaux de cette réussite (encouragements de votre professeur, la note, les compliments, etc.) ?

– Il s'agit des éléments de **persuasion verbale** que vous avez reçus.

4. Enfin, quels étaient votre état physiologique et votre état émotionnel – essayez de vous rappeler des sensations et des émotions que vous avez vécues (détente ou bonne excitation, joie, contentement, etc.) ?

– Il s'agit du **vécu associé à cette réussite** – important à rappeler et revivre.

→ **Durée.** Quelques minutes.

→ **Objectifs**

– Se remémorer un élément de réussite (nous ne le faisons pas assez souvent).

– S'approprier cette réussite à travers les quatre sources de l'auto-efficacité.

Ma belle réussite (« Je me souviens d'une fois quand j'ai bien réussi à… »)

....
....
....
....

Éléments de maîtrise ?

....
....
....
....

Moyens pour arriver, appris par ailleurs ?

....
....
....
....

Retours verbaux positifs ?

....
....
....
....

États physiologiques et émotionnels

....
....
....
....

Nous espérons que cet exercice vous a montré que vous êtes capable d'élaborer un sentiment d'auto-efficacité car vous l'avez déjà fait une fois. Si vous n'y parvenez pas, nous vous invitons à reprendre cet exercice une fois que vous aurez lu tout le livre et travaillé d'autres éléments. En particulier, il est essentiel d'avoir cultivé un sentiment d'acceptation inconditionnelle de soi afin de pouvoir reconnaître son auto-efficacité.

> **Quel bilan faites-vous de cet exercice ?**
> ....
> ....
> ....
> ....

L'acceptation inconditionnelle, ainsi que le traitement positif de l'information sont des pratiques qu'il faut mettre en place petit à petit. Elles ne s'acquièrent pas en deux jours. Le simple fait de savoir que vous avez besoin d'améliorer ces capacités vous met déjà sur la voie de leur acquisition.

Pour conclure : oui, nous ne sommes que des êtres humains !

Albert Ellis, en élaborant sa pratique de psychothérapie, s'est fondé sur le fait que, en qualité d'être humain, nous nous devons une acceptation inconditionnelle et la reconnaissance que nous sommes faillibles. Être faillibles signifie, justement, que nous pouvons commettre des erreurs et vivre des échecs.

Cependant, ces échecs ne doivent pas nuire à notre bien-être et surtout ils ne doivent pas influencer notre acceptation inconditionnelle de nous-mêmes. Il faut savoir relativiser nos échecs et nos réussites, et parfois trouver un meilleur cadrage pour les vivre bien.

N'oubliez pas !

→ Quoi qu'il en soit, vous avez sûrement réussi plus que vous avez échoué. Pensez à vous souvenir de vos réussites.
→ Les échecs nous apportent, parfois beaucoup – que pourriez-vous retirer de vos échecs ? Quelles leçons, quels apprentissages… ?
→ Le vécu de notre échec est-il lié à un sentiment de honte ? de culpabilité ? Alors il faut revoir la honte et la mettre à sa juste place.
→ Apprenez des comportements qui vont alimenter votre sentiment d'auto-efficacité, ils vont vous aider à comprendre que vous êtes, malgré quelques échecs, efficace et capable.

Quel bilan faites-vous de ce chapitre ?

....
....
....
....
....

Mon cahier d'exercices

La maison n'accepte pas l'échec

> **Cibler les échecs**
>
> → **Consigne.** Dans le schéma suivant, en fonction des domaines de vie où peut s'exprimer votre syndrome de l'imposteur :
> - Choisissez une couleur pour représenter vos échecs et une couleur pour représenter vos réussites.
> - Coloriez le(s) domaine(s) où vous avez l'impression d'avoir échoué, totalement ou partiellement, en vous basant sur les différents niveaux.
> - Faites de même dans le(s) domaines où vous avez réussi.
>
> → **Durée.** Quelques minutes.

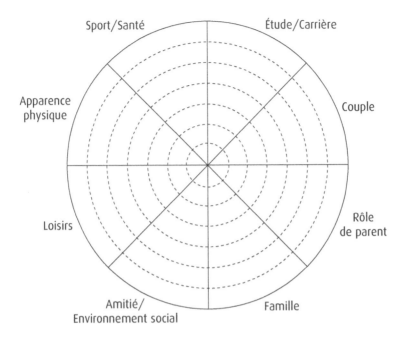

Se focaliser sur les échecs ou sur les réussites ?

→ **Consigne.** Reprenez un domaine dans lequel vous avez réalisé l'exercice précédent et munissez-vous de deux feutres de couleurs différentes pour remplir les cercles suivants :
- Repensez à un échec et coloriez l'un des cercles, qui lui correspondra, dans une couleur (sur un côté ou au milieu).
- Quelles réussites êtes-vous en mesure d'identifier à présent dans ce même domaine ? Coloriez les cercles correspondants de la seconde couleur tout autour du premier cercle « échec » que vous avez colorié.
- Quel constat pouvez-vous formuler : avez-vous plus d'échecs ou de succès ?

→ **Durée.** Quelques minutes.

Relativiser l'échec

→ **Consigne.** Comme pour la majorité des éléments de la vie, il existe un continuum entre réussite et échec. Se situer sur un continuum signifie alors qu'une activité réalisée, bien qu'elle puisse ne pas être un « franc succès », garde une proportion de réussite (entre le 0 % et le 100 %). Il est rare d'aboutir à une réalisation avec une totalité d'échec ou globalité d'erreurs.
 - Notez sur le côté gauche de la flèche ce qui, pour vous, constitue un échec.
 - À droite de la flèche, inscrivez ce qui constitue pour vous une réussite.
 - Indiquez, à l'aide d'un curseur, à quel niveau entre échec et réussite se situe votre résultat, votre réalisation.

→ **Durée.** Quelques minutes.

Mon activité : ....

0 % réussite → 100 % réussite

Ce qui constitue un échec :	Ce qui constitue un succès :
1)	.... (1
2)	.... (2
3)	.... (3
4)	.... (4
5)	.... (5
6)	.... (6

Tenir la honte à distance

B. Brown nous pousse à considérer notre ressenti de honte afin de pouvoir l'identifier et la mettre à sa juste place. Elle propose les questions suivantes pour arriver à comprendre notre ressenti physiologique de la honte :

1. Comment est-ce que je ressens la honte de manière physique (au fond de ma gorge, en respirant rapidement, etc.) ?
- Il s'agit de l'expérience de la maîtrise.
2. Quels sont mes symptômes de la honte ?
- Je sais que je ressens la honte avec les émotions suivantes...
- Si je pouvais goûter la honte, elle aurait le goût de...
- Si je pouvais sentir la honte, elle aurait l'odeur de...
- Si je pouvais toucher la honte, elle aurait les aspects suivants...

→ **Durée.** Quelques minutes.

Dans quels domaines est-ce que je sais que je ressens la honte ? Quel est mon ressenti physiologique ?

....
....
....
....

Mes émotions liées à la honte sont :
....
....
....
....

Pour moi, le goût de la honte, c'est :
....
....
....
....

L'odeur de la honte est celle de :
....
....
....
....

Toucher la honte, c'est toucher :
....
....
....
....

Accepter la vulnérabilité – ma recette personnelle

→ Voici quelques pistes pour mieux comprendre la manière de faire face à la vulnérabilité, la honte et la culpabilité. En vous posant les questions suivantes, vous pourrez mieux comprendre comment vous vous situez dans le paradoxe de la réussite et de l'échec et comment la honte, la culpabilité et la vulnérabilité vous affectent.

→ Pensez aux éléments suivants :

1. Où se situent vos sentiments de honte ?

- Rappelez-vous les exercices sur l'acceptation inconditionnelle dans le chapitre 3.
- Quels sont les aspects que vous n'acceptez pas ? Avez-vous honte de ces aspects de vous-même ? Si oui, comment pourriez-vous faire pour les accepter – et ainsi non seulement améliorer votre niveau d'acceptation inconditionnelle mais aussi bannir la honte ?

2. Quelle est mon attitude envers la vulnérabilité ?

- Est-ce que je vois la vulnérabilité comme une faiblesse ? Quelles sont les fois dans ma vie où j'ai ressenti de la vulnérabilité ? Quel était mon vécu de ces moments ? Est-ce que j'ai pu progresser grâce à la vulnérabilité ? Ou bien est-ce que je me souviens surtout de mon inconfort et de ma peur ? Puis-je reconnaître l'importance de la vulnérabilité pour évoluer ?

Mes réponses concernant ces questions sur la honte et la vulnérabilité m'amènent les idées suivantes :

....
....
....
....
....
....
....
....
....
....

Une belle réussite

→ **Consigne.** Rappelez-vous d'une très belle réussite (allez... vous en avez au moins eu une !). Par exemple, si vous avez rédigé un (particulièrement) bon écrit au collège pour lequel votre professeur vous a donné une bonne note et vous a complimenté... Nous vous demandons juste un exemple, peu importe lequel, même si c'est loin !

→ Pensez ensuite aux éléments suivants :

1. Comment avez-vous maîtrisé la tâche pour arriver à cette réussite (pour un écrit, avez-vous passé du temps à préparer votre copie, la relire et la recopier ?)
– Il s'agit de **l'expérience de la maîtrise**.
2. Quels étaient les repères que vous avez utilisés pour arriver à cette réussite (par exemple, demander de l'aide, ou bien lire d'autres écrits pour avoir une bonne idée de comment le rédiger) ?
– Il s'agit des **moyens vicariants que vous avez utilisés pour y arriver**.
3. Quels étaient les retours verbaux de cette réussite (encouragements de votre professeur, la note, compliments, etc.) ?
– Il s'agit des éléments de persuasion verbale que vous avez vécue.
4. Enfin, quels étaient votre état physiologique et votre état émotionnel – essayez de vous rappeler des sensations et émotions que vous avez vécues (détente ou bonne excitation, joie, contentement, etc.).
– Il s'agit du **vécu associé à cette réussite** – important à rappeler et revivre.

→ **Durée.** Quelques minutes.

Une belle réussite (« Je me souviens d'une fois quand j'ai bien réussi à... »)

....
....
....
....
....

Éléments de maîtrise ?
....
....
....
....

Moyens pour arriver, appris par ailleurs ?
....
....
....
....

Retours verbaux positifs ?
....
....
....
....

États physiologiques et émotionnels
....
....
....
....

5
Reconnaissance... quand tu nous tiens !

> **Objectifs**
> → Nuancer le besoin de reconnaissance inhérent au syndrome de l'imposteur.
> → Observer l'instabilité de la performance et de l'estime de soi.
> → Envisager l'acceptation inconditionnelle de soi en se centrant sur ses forces et ses faiblesses.

Nous venons de voir que nous ne sommes «que» des êtres humains. L'un des symptômes du syndrome de l'imposteur est cependant le besoin de reconnaissance, d'être remarquable aux yeux des autres. Certains cherchent à être meilleurs ou au-dessus des autres pour être certains de prouver leurs compétences, leur intelligence ou leurs aptitudes, tant aux autres qu'à eux-mêmes. Ce besoin peut se manifester dans plusieurs domaines et se généraliser (tout réussir à gérer parfaitement, seul(e) pour prouver ses capacités; c'est ce que nous appelons les *superwomen/men*), afin d'atteindre une sorte d'idéal de soi pourtant difficilement atteignable – nous sommes loin de l'être humain pouvant être faillible dans ce cas.

Après tout, qui est parfait ?

> **Inscrivez ci-dessous les personnes « parfaites » dans votre entourage.**
>
> ....
> ....
> ....
> ....

Si vous avez noté le nom de certaines personnes, il paraît tout de même peu probable qu'elles soient « parfaites » sur tous les plans – ou bien elle donne cette image de perfection mais nous ne savons pas exactement ce qu'il en est…

En amont de la notion de reconnaissance, on trouve :

- ✓ le besoin d'approbation et de réussite ;
- ✓ l'instabilité de l'estime de soi ;
- ✓ le poids de l'acceptation inconditionnelle de soi.

Je veux que l'on m'aime…

Depuis environ soixante-dix ans, une orientation de la psychologie clinique considère les troubles psychologiques comment étant un produit de l'apprentissage. Nous avons vu au début de cet ouvrage que nous avons probablement intégré le syndrome de l'imposteur depuis notre enfance. Autrement dit, il s'agit de quelque chose **d'appris**. La bonne nouvelle : toute chose apprise peut être « désapprise » et remplacée par un meilleur apprentissage.

Nous allons étudier l'envie d'être aimé(e) qui est aussi inhérente à l'être humain. Alors que l'acceptation inconditionnelle nous garantit un niveau de confort par rapport à nos relations proches et amicales (par le biais du conformisme et d'acceptation dans le groupe), il en est tout autrement pour l'amour. Si chacun de nous a le désir d'une relation d'amour, certain auront une exigence particulière dans leur besoin d'être aimé(e) et valorisé(e). Pour comprendre cela, il nous faut considérer les travaux d'Albert Ellis, un des premiers psychologues à adopter une approche cognitive et comportementale.

Selon lui, la plupart des êtres humains cherchent, parfois désespérément, à être acceptés et approuvés par les autres. Cette envie d'approbation est normale car elle permet de se connecter aux autres. Ces connexions rendent nos relations plus stables et agréables. Cependant, il faut accepter de n'être, parfois, pas accepté. Notre expérience est remplie de moments où l'on n'est pas accepté. Si nous exigeons l'approbation des autres à tout prix, nous serons, forcément, déçus à certains moments. Et si la déception prend la forme d'un grand chagrin, nous nous sentons menacés et mal compris.

Notre capacité à vivre ces moments de non-acceptation est essentielle. Si nous pouvons les relativiser en nous disant : « Cette fois mon idée n'a pas été acceptée mais cela ne veut dire pour autant que je ne suis pas acceptable en tant qu'être humain », notre recherche d'approbation sera adaptée. Mais si notre réaction est plutôt : « Mon idée n'a pas été acceptée, et donc je suis nul(le). Je ne vais jamais oser proposer une autre idée car la possibilité de ne pas être accepté est trop pénible », la recherche d'approbation n'est plus adaptée.

Les personnes qui souffrent du syndrome de l'imposteur ont souvent ce besoin élevé d'approbation. Le travail à faire sur elles-mêmes sera donc d'apprendre à accepter la non-approbation. Il s'agit non seulement d'accepter que les autres ne les approuvent pas, mais, en plus, de garder une acceptation inconditionnelle de soi face à ce manque d'approbation. C'est, finalement, un processus « à deux vitesses » qui implique non seulement la déception devant un manque d'acceptation d'autrui mais aussi la capacité à s'accepter malgré tout.

Je m'estime...(ou pas)

Lié à notre envie d'approbation, se trouve le besoin fondamental d'acceptation inconditionnelle. Souvenons-nous que l'acceptation inconditionnelle se différencie de l'estime de soi car cette dernière est basée sur l'idée de performance (voir chapitre 3).

Les personnes qui souffrent du syndrome de l'imposteur font souvent preuve :

- ✓ d'une faible estime de soi qui n'aurait pas évoluer au même rythme que leurs compétences, leur intelligence ou que leurs réussites (André et Lelord, 2008) ;
- ✓ d'une vision de soi globale négative – une tendance à s'évaluer de manière générale ;
- ✓ d'un sentiment profond d'infériorité par rapport aux autres, dû essentiellement à la comparaison sociale ;
- ✓ d'une évaluation de soi oscillant entre deux extrêmes, positif et négatif.

L'estime de soi relève d'un système d'évaluation, puisqu'elle renvoie à un jugement de valeur sur soi. Elle ne se base pourtant pas réellement sur des éléments objectifs. En effet, nous avons tendance à nous juger – ou à juger les autres – à partir d'un élément particulier que nous généralisons.

Une faible estime de soi peut se révéler invalidante pour bien des raisons. Au-delà de nombreuses difficultés quotidiennes, elle s'associe à des symptômes anxieux et dépressifs. Cette évaluation de soi est donc dysfonctionnelle, notamment puisqu'elle intervient après la réussite ou l'échec d'une activité, entraînant des états de tristesse si l'évaluation est mauvaise (sentiments de désespoirs, de pertes) ou d'anxiété si les standards sont trop élevés (idées de critiques, de perfectionnisme, d'erreur ou d'incapacité).

Prenons un exemple.

Reconnaissance… quand tu nous tiens !

Suzanne et son diagramme d'estime de soi

Suzanne manifeste le syndrome de l'imposteur dans le cadre de son travail. Elle doit rendre un rapport comptable important pour un gros client en fin de semaine.
Nous lui avons demandé de se positionner sur un diagramme d'estime de soi afin de se rendre compte de l'évolution du jugement qu'elle porte sur elle-même au quotidien. Elle a pu noter sur une semaine (entre −5 et + 5) comment elle se sentait vis-à-vis d'elle-même.
Nous vous présentons le bilan de ce diagramme ci-dessous.

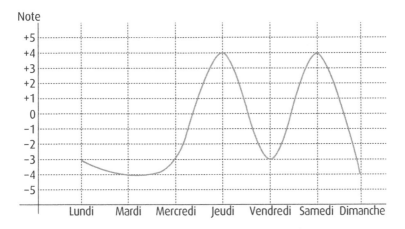

En demandant à Suzanne d'expliquer les raisons de ces notes au quotidien, nous avons pu récolter des informations sur cette semaine et nous rendre compte de certains éléments structurant son activité et son image d'elle-même.

- Lundi : malgré ma charge de travail et mon rapport à rendre pour la fin de la semaine, j'ai passé mon temps à répondre à d'autres demandes de mes collègues, **ce qui ne m'a pas permis de m'avancer sur mon travail**. Je n'ai pas osé dire non.

- Mardi : j'ai travaillé toute la journée sur mon rapport **sans finir à temps**, j'ai dû apporter du travail à la maison et **je n'ai pas pu passer de temps en famille**.
- Mercredi : j'ai rendu mon rapport, j'étais très **soulagée et satisfaite d'avoir pu le rendre**, même en avance. Ma hiérarchie m'a félicité pour mon travail. Ils ont manifesté une confiance absolue en mes capacités et ils n'hésiteront pas à me donner d'autres clients à gérer.
- Jeudi : en me repenchant sur mon rapport, j'ai constaté que j'aurai pu **mieux rédiger** certaines parties ou ajouter des diagrammes plus clairs. Les clients ne comprendront certainement pas mes descriptions. Si j'avais eu plus de temps, j'aurai pu faire mieux.
- Vendredi : **j'ai fait croire que j'avançais bien** sur mon dossier lorsqu'on m'a posé des questions. **J'ai accepté de le rendre en avance** pour ne pas montrer que c'était difficile pour moi.
- Samedi : je me suis détendue en famille, cela m'a fait du bien. J'ai pu passer du temps avec mon mari et mes enfants.
- Dimanche : toute la journée j'ai pensé à ce qu'on dira lundi au travail au sujet de mon rapport en étant persuadée qu'on trouvera des **erreurs**.

Nous observons que l'estime de soi de Suzanne dépend essentiellement de sa performance, notamment concernant le rapport qu'elle doit rendre, source importante de stress (en gras dans son descriptif quotidien).

Nous notons aussi d'autres symptômes du syndrome de l'imposteur que nous avons décrit brièvement dans le chapitre 3 et que nous préciserons dans les chapitres suivants, comme le cycle de l'imposteur ou le dénigrement des compétences. Ici, le besoin d'être remarquable de Suzanne tourne autour de sa volonté de paraître « super-compétente » en acceptant de rendre son rapport en avance alors que cela lui est très difficile. Cela lui permet d'être considérée comme compétente dans son domaine, capable de tout gérer seule dans l'urgence – et ce n'est pas la première fois que Suzanne manifeste ce type de comportement.

Nous percevons ainsi que le jugement que Suzanne porte sur elle-même (son estime de soi) est instable, comme sa perception de ses compétences ou l'évaluation qu'elle fait de sa performance. De manière générale, l'estime de soi varie en fonction de l'approbation ou du jugement des autres.

Pour vous permettre de mieux vous approprier cette notion, nous vous proposons de vous rendre compte par vous-même de la façon dont votre estime de soi peut varier en fonction de ces éléments dans votre quotidien.

Mon diagramme d'estime de soi

→ **Consigne**. Dans le diagramme suivant, notez à chaque fin de journée votre estime de soi (entre − 5 et + 5) en expliquant la raison de cette notation.
→ **Durée**. Pendant une semaine.
Objectifs
→ Observer l'instabilité de l'estime de soi.
→ Constater qu'elle dépend essentiellement de la performance ou de l'approbation.

Vous constaterez sûrement des variations dépendantes de votre performance ou du regard des autres.

Quel bilan faites-vous de cet exercice ?

....
....
....
....
....

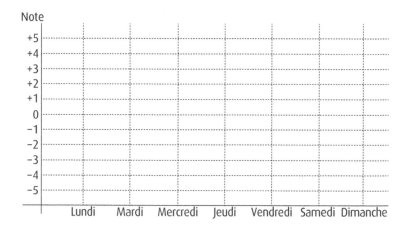

Avez-vous remarqué l'instabilité de votre estime de soi ? Alors penchons-nous sur la notion d'acceptation inconditionnelle de soi.

... ou plutôt je m'accepte (de manière inconditionnelle)

Albert Ellis met l'accent sur la manière dont un individu s'accepte de manière totale, globale et inconditionnelle :
- ✓ que ses actions soient ou non réalisées de manière efficace, sensée ou correcte ;
- ✓ qu'il reçoive ou non l'approbation, l'amour ou le respect des autres.

Cette acceptation inconditionnelle met l'accent sur la tendance arbitraire à s'évaluer et/ou à établir une « valeur » de soi. Partant du principe que tout être humain est faillible et qu'il est possible qu'il fasse des erreurs, il est préférable d'adopter une attitude d'acceptation inconditionnelle qui dépasse la notion de valeur liée à la performance ou à l'approbation des autres (Ellis et Harper, 2007).

Je me détache de la performance

Comment vous positionner en fonction de vous-même et non plus en fonction de votre performance ou du regard des autres ? L'idée à retenir est que nous ne sommes ni totalement bon(ne), performant(e) ni foncièrement mauvais(e), nul(le). Nous nous situons, pour la plupart d'entre nous, dans un juste milieu, avec nos qualités et nos défauts, nos forces et nos faiblesses. Cette notion de juste milieu est essentielle pour surmonter le syndrome de l'imposteur étant donné que ces personnes se voient généralement de manière contradictoire et extrême. Elles se perçoivent soit comme des génies soit comme de véritables imbéciles. Il n'est pas question de vous résigner à vos défauts, vos faiblesses ou vos lacunes mais de les accepter. Tout comme vous acceptez vos qualités ou vos forces.

Imaginez qu'il y ait un éléphant rose dans la pièce. Vous pouvez :
- ✓ faire comme s'il n'existait pas et ne pas l'accepter ; cet éléphant risque néanmoins de réduire en miette votre porcelaine, de vous déranger, de mettre à sac votre domicile.
- ✓ accepter que cet éléphant soit là ; vous pourrez mettre à l'abri cette porcelaine, changer de pièce, chercher à nettoyer ses saletés.

Si Suzanne identifie son besoin de reconnaissance, elle peut alors :
- ✓ le nier (faire comme si cela n'existait pas et continuer de fonctionner à l'identique, ce qui n'est peut-être pas favorable à son bien-être) ;
- ✓ se résigner (certes, ce besoin est là, elle l'a même identifié, elle ne met pas de stratégie efficace en place pour vivre avec) ;
- ✓ ou l'accepter (elle identifie ce besoin, les contextes dans lesquels il peut se manifester, observe lorsqu'il survient et tente de le gérer avec des outils efficaces quand il lui est préjudiciable).

Cessez de vous déprécier !

Mon acceptation de soi (1)

→ **Consigne.** Sur le continuum ci-dessous :
- Notez à gauche du trait ce que vous considérez être vos cinq plus grands défauts ou faiblesses et à droite cinq de vos plus grandes qualités ou valeurs.
- Positionnez-vous chaque jour sur ce continuum (en l'indiquant par une lettre pour chaque jour de la semaine), en considérant à la fois les éléments du côté droit et du côté gauche et en vous posant la question suivante : « Où est-ce que je me situe aujourd'hui entre mes défauts et mes qualités ? »

→ **Durée.** Pendant une semaine.

Voici l'exemple de Suzanne (précisons que ce n'est pas la même semaine que l'exemple précédent), ainsi qu'une liste de valeurs en annexe de ce chapitre (Ma liste de valeurs, p. 156) :

```
        V D  J    Mer      L S        Ma
        | |  |    |        | |        |
————————————————————————————————————————→
```

Mes défauts, mes faiblesses :   **Mes qualités mes valeurs :**
1) Désorganisation   Résolution de problème (1
2) Susceptibilité   Challenge (2
3) Impulsivité   Autonomie (3
4) Critique   Créativité (4
5) Lenteur   Amour (5

Objectifs
→ Éviter de porter sur soi un jugement de valeur extrême (positif ou négatif).
→ Favoriser un juste milieu dans la perception de soi.
→ S'éloigner de la performance ou de l'approbation pour s'accepter.

——→

Mes défauts, mes faiblesses :   **Mes qualités mes valeurs :**
1) .... (1
2) .... (2
3) .... (3
4) .... (4
5) .... (5

En synthèse de cet exercice, nous notons :
- ✓ qu'il est relativement rare d'être uniquement du côté gauche, du côté des défauts (n'hésitez pas à refaire l'exercice si vous le jugez nécessaire) ;
- ✓ qu'il est donc peu probable que vous soyez une personne qui n'a **que** des défauts, des lacunes, des faiblesses ;
- ✓ que dans cet exercice, nous ne nous définissons pas par rapport à notre performance ou à l'approbation des autres, mais à partir d'éléments internes, donc des éléments plus stables.

Vous pouvez d'ores et déjà faire votre propre bilan sur le travail accompli.

Quel bilan faites-vous de cet exercice ?

....
....
....
....
....

J'identifie mes forces

Pour aller plus loin dans cette acceptation inconditionnelle de soi, il est important d'identifier, au-delà de ses qualités, ses forces de caractères, ses vertus et ses valeurs (Nazare-Aga, 2015 ; Seligman, 2013) qui vont amener de multiples effets positifs comme :
- ✓ favoriser les aspects positifs d'une relation, des échanges ;
- ✓ favoriser l'action, la stimuler, l'encourager ;
- ✓ amener une meilleure compréhension (de l'autre et de soi).

> ### Que sont les forces de caractère ?
>
> Chacun d'entre nous possède des forces et des faiblesses. Nous sommes uniques et porteurs de nombreuses possibilités. Les forces de caractère constituent ce qu'il y a de plus positif en nous, allant même au-delà des qualités car elles s'expriment plus souvent et amènent des effets bénéfiques au quotidien (tant sur soi que sur notre entourage). Lorsqu'une force de caractère va se manifester, elle pourra nous amener à donner le meilleur de soi, à adopter des pensées positives sur soi, à ressentir des émotions agréables et nous donnera envie de l'exprimer à nouveau. Il s'agit en fait d'un « vrai » soi, qui s'exprime dans toute son authenticité au travers de ce qui lui convient le mieux (nous sommes loin du syndrome de l'imposteur !). Les forces de caractère ne sont pas figées dans le temps : elles peuvent évoluer, être travaillées, la ligne directrice étant de donner des résultats positifs en termes de bien-être. Elles sont aussi importantes que les capacités intellectuelles ou les compétences pour prédire un succès dans différents domaines de la vie.

En général, lorsque nous réalisons une action, nous sommes portés par l'idée de la performance et nous laissons de côté notre véritable engagement ou nos valeurs personnelles. Pour relativiser le besoin de reconnaissance en lien avec le syndrome de l'imposteur (être remarquable, au-dessus des autres...), il est essentiel de se détacher des notions de performance et d'approbation pour se centrer sur ce qui peut donner sens à ses réalisations. De plus, en identifiant nos forces de caractère, nous considérons ce qui va bien au lieu de rester focaliser sur ce qui ne va pas.

Nous vous proposons ci-après une liste de vingt-quatre forces de caractère (Seligman, 2013) à partir de laquelle vous allez pouvoir identifier celles qui vous correspondent le mieux. Pour ce faire, nous allons procéder en plusieurs étapes ; respectez-les bien pour ne pas vous presser.

Les forces de caractère

Curiosité	Équité
Amour de l'apprentissage	Leadership
Ouverture d'esprit	Maîtrise de soi
Créativité	Prudence
Intelligence sociale et personnelle	Modestie
Partage	Appréciation de la beauté
Bravoure	Gratitude
Persévérance	Pardon
Authenticité	Espoir
Générosité	Humour
Amour	Enthousiasme
Travail d'équipe	Spiritualité

Prenez le temps de bien lire, comprendre et définir chacune d'entre elle. Maintenant, ne retenez que les **14 qui vous correspondent le plus** (qui amènent des effets positifs) et notez les ci-dessous :

> **J'ai retenu les 14 forces de caractère suivantes :**
> ....
> ....
> ....
> ....
> ....

Prenez le temps de bien les relire et les considérer, en pensant aux effets positifs qu'elles peuvent vous amener. À présent, ne retenez que les **9 qui vous paraissent les plus pertinentes pour vous**, toujours avec l'idée que ces 9 forces de caractères amènent des manifestations positives.

> **J'ai retenu les 9 forces de caractère suivantes :**
> ....
> ....
> ....
> ....
> ....

OK. Vous avez donc une liste de 9 forces de caractère. Relisez-les tranquillement en songeant à leurs effets bénéfiques. Et une fois que vous les aurez bien intégrées, ne retenez que les **5 qui vous représentent le plus.**

> **Mes 5 forces de caractère :**
> ....
> ....
> ....
> ....
> ....

Vous avez maintenant identifié les cinq forces de caractères qui génèrent le plus de manifestations positives lorsqu'elles s'expriment. Elles se rapprochent peut-être même des cinq plus grandes qualités ou valeurs que vous avez pu lister lors de l'exercice précédent.

En éliminant les forces les unes après les autres, vous acceptez de n'être pas parfait(e). Et l'imperfection, quelle force (André, 2006; Brown, 2014) ! Cela peut vous paraître anodin, mais cette démarche est importante pour relativiser le besoin de reconnaissance inhérent au syndrome de l'imposteur.

Vous pouvez vous rendre sur le site du *VIA Institute on Character* qui propose un questionnaire sur ces forces (questionnaire scientifiquement validé et qui a fait ses preuves !). Cela vous permettra de vous positionner à nouveau et de comparer avec ce que vous avez perçu de vous-même.

Et maintenant ?

Réalisez une nouvelle fois l'exercice d'acceptation de soi en indiquant vos forces de caractère sur le côté droit (vous pouvez garder les mêmes défauts si vous le souhaitez, nous ne vous en tiendrons pas rigueur). Ce travail peut vous sembler répétitif mais la démarche de l'acceptation inconditionnelle est longue et le syndrome de l'imposteur, rappelez-vous, est parfois ancré depuis longtemps. Il est donc intéressant de répéter l'exercice et d'être régulier(ère) pour vous amener à apprendre de nouveaux comportements.

> ### Mon acceptation de soi (2)
>
> → **Consigne**. Sur le continuum suivant :
> 1. Notez à gauche ce que vous considérez être vos cinq plus grandes faiblesses et à droite vos cinq forces de caractère.
> 2. Positionnez-vous chaque jour sur ce continuum (en l'indiquant par une lettre pour chaque jour de la semaine), en considérant à la fois les éléments du côté droit et du côté gauche et en vous posant la question suivante : « Où est-ce que je me situe aujourd'hui entre mes faiblesses et mes forces ? »
> → **Durée**. Pendant une semaine.

Mes faiblesses :   **Mes forces :**

1) .... (1
2) .... (2
3) .... (3
4) .... (4
5) .... (5

Ces forces permettent de se définir autrement que par ses performances ou l'approbation des autres, ce qui s'inscrit tout à fait dans une démarche d'acceptation inconditionnelle de soi. De plus, vous pouvez dorénavant les utiliser pour orienter vos actions, vos objectifs.

Et par rapport aux autres ?

Si une performance peut être comparée (c'est ce que nous faisons souvent dans le syndrome de l'imposteur en considérant que les autres sont plus intelligents, plus compétents, meilleurs en tout point...), cette comparaison n'est plus pertinente pour les qualités ou les forces.

Rappelez-vous de l'un des commandements du chapitre 2 sur la comparaison sociale. Cette comparaison porte essentiellement sur des performances individuelles. Si nous partons du principe que les personnes présentant un syndrome de l'imposteur ont un grand sentiment d'infériorité, nous le traduisons comme suit :

Ce que je suis   Ce que les autres sont

Cela rend compte de la tendance des personnes qui souffrent du syndrome de l'imposteur à vouloir :
- ✓ prouver leurs compétences à eux-mêmes comme aux autres ;
- ✓ atteindre un idéal qu'elles se fixent, non seulement pour être à la hauteur des autres mais aussi de la manière dont elles sont perçues ;
- ✓ dépasser les autres pour être certaines de ne pas être démasquées.

L'ennui, cependant, c'est que ce type de comparaison rend essentiellement compte d'une **évaluation globale** (voir chapitre 3), basée généralement sur un comportement ou une performance. Or cette évaluation globale n'est pas représentative de tout ce qu'est un individu.

Pour commencer à nuancer cette attitude et éviter les généralisations inadaptées, nous pouvons l'envisager ainsi :

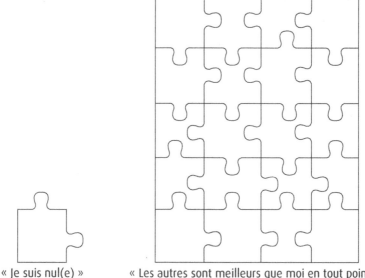

« Je suis nul(e) »   « Les autres sont meilleurs que moi en tout point et je dois leur prouver que je suis à la hauteur »

Dans ce schéma, la personne qui souffre du syndrome de l'imposteur se définit (ce que je suis) en pensant : « Je suis nul(le) », sous-entendu : « Je suis un imposteur qui ne mérite pas sa situation actuelle. » En revanche, l'entourage y est perçu comme meilleur, sur tous les plans, ce qui renvoie à la personne qui présente un syndrome de l'imposteur une image d'incompétence. L'autre (ou les autres) est bien perçue en fonction de ses différents aspects, mais la comparaison est encore difficile puisque la personne qui souffre du syndrome de l'imposteur ne se compare qu'à un seul aspect.

Posez-vous maintenant les questions qui suivent.

Ma comparaison aux autres

→ **Consigne**. Dans le tableau suivant :
- Listez dans la première colonne le nom des personnes auxquelles vous avez tendance à vous comparer (en indiquant le domaine entre parenthèses, de préférence celui correspondant à votre syndrome de l'imposteur).
- Dans la deuxième colonne, indiquez sur quoi vous vous comparez : performances ? intelligence ? compétences ? qualités ? forces ? Essayez d'ajouter une **qualité** (ou une **force** si vous en avez identifié une) à ce listing, cela nous servira pour l'exercice suivant et vous permettra de vous initier à une autre façon de vous comparer.
- Dans la troisième colonne, écrivez pourquoi vous vous comparez à ces personnes.
- Enfin, dans la dernière colonne, indiquez ce que vous ressentez (pensées ou émotions).

→ **Durée**. Une semaine.

→ **Objectif**
- Adopter une attitude de comparaison plus adaptée pour jauger votre acceptation inconditionnelle de soi.

Je me compare aux autres

À qui je me compare ? (domaine)	Sur quoi je me compare ? (ajouter une qualité ou une force à votre listing initial)	Pourquoi je me compare à cette personne ?	Qu'est-ce que cela me fait ? (pensées, émotions)
–			
–			
–			
–			
–			
–			
–			

Après cette semaine d'observation, faites maintenant ce second exercice :

> **Mon acceptation de soi (3)**
>
> → **Consigne**. Dans le tableau suivant :
> - Listez dans la colonne de gauche vos forces de caractères personnelles.
> - Dans la colonne de droite, inscrivez les qualités ou forces que vous avez observées chez une des personnes comparées cette semaine.
> - Enfin, dans la colonne du milieu, indiquez l'un des trois signes suivants : « < » indiquant qu'une de vos forces est inférieure à celle de la personne comparée, « > » indiquant qu'elle est supérieure, « ≠ » indiquant qu'elle est différente, « = » indiquant qu'elle est la même.
> → **Durée**. Quelques minutes.
> **Objectif**
> → Juger votre valeur en tant qu'être humain en vous fondant sur vos forces.
> → Adopter un nouveau processus de comparaison.

Mon acceptation de soi (3)

Mes forces	< > ≠ =	Les qualités/forces de la personne comparée
–		–
–		–
–		–
–		–
–		–
–		–
–		–
–		–
–		–
–		–

Nous pouvons noter :

- ✓ qu'en comparant différentes forces ou qualités, il n'y a pas véritablement de **supériorité ou d'infériorité**. En quoi le fait d'apprécier la beauté serait-elle supérieure au leadership, par exemple ? Elles sont, en soi, simplement différentes.
- ✓ que cela est valable pour chacune d'entre elles. Cela fait de vous une personne **différente**, sans nécessairement être inférieure ou supérieure aux autres. Tout dépend à partir de quoi on se définit : ce que l'on fait ou ce que l'on est ?
- ✓ que certaines de vos forces peuvent rejoindre des qualités de la personne comparée, témoignant que vous pouvez avoir des **points communs**.
- ✓ que les qualités ou les forces peuvent, certes, s'exprimer différemment, mais peuvent aussi être **complémentaires**. Cela peut se retrouver tant dans le domaine professionnel que dans le domaine social, familial ou celui des loisirs. Vos forces peuvent être utiles à votre entourage et celles de votre entourage peuvent vous êtres bénéfiques !

N'hésitez pas à réaliser l'exercice plusieurs fois avec des personnes différentes si vous le souhaitez, cela vous permettra de compléter les schémas suivant. L'idée principale de ces exercices est de vous permettre de vous détacher d'une définition de vous-même à travers votre performance, de rester centré sur des éléments internes qui s'expriment par et pour vous-même. Ces caractéristiques individuelles, bien qu'étant différentes, n'ont pas nécessairement de rang de supériorité ou d'infériorité.

Donc, au regard de notre schéma initial sur la comparaison, nous pourrions en adopter un autre, plus représentatif, dans lequel nous retrouvons les notions de différence (pas de supériorité ou d'infériorité) mais aussi de complémentarité.

1. Partons du principe que vous avez **cinq** forces de caractère qui peuvent s'exprimer pour votre bien-être mais aussi pour garantir votre efficacité.

2. Et que votre entourage a aussi **cinq** forces de caractère principales (qu'il peut utiliser de la même façon).
3. Nous passons alors de : « Je suis nul(le) » à « J'ai cinq forces de caractère », que nous pouvons traduire par les images suivantes (chacune des pièces du puzzle correspondant à l'une de vos forces de caractère) :

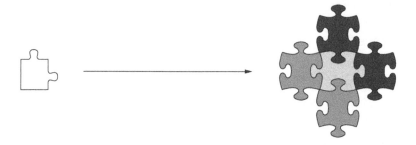

4. De même pour votre entourage, nous partons de : « Les autres sont meilleurs que moi en tout point et je dois leur prouver que je suis à la hauteur » pour arriver à : « Mon entourage a cinq forces de caractère, lui aussi », que nous traduisons par les images suivantes (chacune des pièces du puzzle correspondant à nouveau à l'une des forces de caractère de votre entourage) :

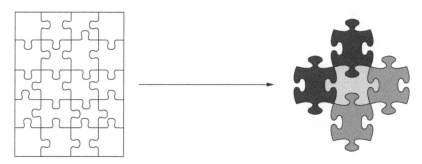

Notre comparaison initiale devient alors celle-ci :

Ce que je suis

Ce que les autres sont

Vous pouvez remplir ces pièces de puzzle dans le cahier d'exercice que nous vous fournissons en annexe de ce chapitre.

> **Quel bilan faites-vous de ces exercices ?**
> ....
> ....
> ....
> ....
> ....

Pour conclure : être reconnaissant pour et par soi-même

> « Ce qui trouble les hommes, ce ne sont pas les choses, ce sont les jugements et opinions qu'ils portent sur les choses. » Épictète

La démarche de l'acceptation de soi, comme celle de surmonter son syndrome de l'imposteur, n'est pas forcément facile étant donné que :

- ✓ nous prenons le contre-pied d'une acceptation conditionnelle (dépendante de l'approbation ou de la performance), très prévalente dans notre société ;
- ✓ nous travaillons sur des comportements appris depuis longtemps.

Néanmoins, cela est possible – vous venez de le faire, peut-être même à plusieurs reprises. L'idée est de pouvoir changer ses représentations pour surmonter les manifestations du syndrome. Après tout, à la base du syndrome de l'imposteur se trouve un sentiment d'illégitimité, d'infériorité, une impression de ne pas être à la hauteur : nous sommes sur le terrain de la **performance**.

En nous basant seulement sur les performances, où se situent les qualités et les forces inhérentes à chaque individu ? Pouvons-nous être réduits, seulement, à notre performance ou au regard des autres ? Adopter une nouvelle attitude pour se définir et se comparer, dans cette démarche d'acceptation et de relativisation du syndrome, nous paraît bien plus qu'intéressant. Et vous ?

> « Être le meilleur est bien, car tu es le premier. Être unique est encore mieux, car tu es le seul. » Wilson Kanadi
>
> **Quel bilan faites-vous de ce chapitre ?**
> ....
> ....
> ....
> ....
> ....

Mon cahier d'exercices

Reconnaissance... quand tu nous tiens moins?

Mon diagramme d'estime de soi

→ **Consigne.** Dans le diagramme ci-dessous, notez chaque jour en fin de journée votre estime de soi en expliquant pourquoi.
→ **Durée.** Une semaine.

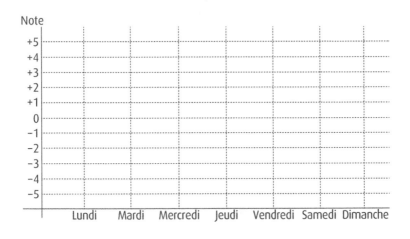

> ## Ma liste de valeurs
>
> → **Consigne.** Pour vous aider à vous positionner sur le continuum d'acceptation de soi au quotidien, vous pouvez vous référer à cette liste de valeurs.

Liste de valeurs

Autonomie	Bonheur
Courage	Maîtrise
Excellence	Révolution
Accomplissement	Autonomie
Abondance	Changement
Famille	Vitalité
Harmonie	Challenge
Innovation	Grâce
Amour	Liberté
Enjouement	Joie
Épanouissement personnel	Respect
Résolution de problème	Éducation
Caractère unique	Honnêteté
Bienveillance	Justice
Dignité	Ordre
Impartialité	Sécurité
Élégance	Complémentarité
Compassion	Sagesse
Beauté	Béatitude
Créativité	Humour
Enthousiasme	Apprentissage
Plaisir	Persévérance
Pouvoir	Simplicité
Humilité	Vérité
Coopération	Zest

Mon acceptation de soi (1)

→ **Consigne.** Sur le continuum suivant :
- Notez à gauche ce que vous considérez être vos cinq plus grands défauts ou faiblesses, et à droite cinq de vos plus grandes qualités ou valeurs.
- Positionnez-vous chaque jour sur ce continuum (en l'indiquant par une lettre pour chaque jour de la semaine), en considérant à la fois les éléments du côté droit et du côté gauche.

→ **Durée.** Une semaine.

Mes défauts, mes faiblesses :
1) ……………………………………
2) ……………………………………
3) ……………………………………
4) ……………………………………
5) ……………………………………

Mes qualités mes valeurs :
…………………………………… (1
…………………………………… (2
…………………………………… (3
…………………………………… (4
…………………………………… (5

Mon acceptation de soi (2)

→ **Consigne.** Sur le continuum suivant :
- Notez à gauche ce que vous considérez être vos cinq plus grandes faiblesses, et à droite **vos cinq forces de caractère**.
- Positionnez-vous chaque jour sur ce continuum (en l'indiquant par une lettre pour chaque jour de la semaine), en considérant à la fois les éléments du côté droit et du côté gauche.

→ **Durée.** Une semaine.

Mes faiblesses :   **Mes forces :**
1) .... (1
2) .... (2
3) .... (3
4) .... (4
5) .... (5

Ma comparaison aux autres

→ **Consigne.** Dans le tableau suivant :
- Listez dans la première colonne le nom des personnes avec qui vous avez tendance à vous comparer (en indiquant le domaine entre parenthèses, de préférence celui correspondant à votre syndrome de l'imposteur).
- Dans la seconde colonne, indiquez sur quoi vous vous comparez : performance ? intelligence ? compétence ? qualités ? forces ? (ces notions ou leur contraire !). Essayer d'ajouter une qualité (ou une force si vous en avez identifié une) à ce listing, cela nous servira pour l'exercice suivant et vous permettra de vous initier à une autre attitude de comparaison.
- Dans la troisième colonne, inscrivez pourquoi vous vous comparez à ces personnes.
- Enfin, dans la dernière colonne, indiquez ce que cela vous fait (pensées ou émotions).

→ **Durée.** Une semaine.

Ma comparaison aux autres

À qui je me compare ? (domaine)	Sur quoi je me compare ? (ajouter une qualité ou une force à votre listing initial)	Pourquoi je me compare à cette personne ?	Qu'est-ce que cela me fait ? (pensées, émotions)
-			
-			
-			
-			
-			

Mon acceptation de soi (3)

→ **Consigne**. dans le tableau suivant :
- Listez dans la colonne de gauche **vos** forces de caractères personnelles.
- Dans la colonne de droite, inscrivez les qualités ou forces que vous avez **observées** chez les personnes comparées cette semaine.
- Enfin, dans la colonne du milieu, indiquez l'un des trois signes suivant :
  « < » indiquant qu'une de vos forces est inférieure à celle de l'autre, « > » indiquant qu'elle est supérieure, « ≠ » indiquant qu'elle est différente, « = » indiquant qu'elle est la même.
- → **Durée.** Quelques minutes.

Mon acceptation de soi (3)

Mes forces	< > ≠ =	Les qualités/forces des autres
–		–
–		–
–		–
–		–
–		–
–		–
–		–
–		–
–		–

Reconnaissance… quand tu nous tiens moins ?

Mon acceptation de soi (4)

→ **Consigne.** Dans les puzzles présentés ci-dessus,
- Notez dans les pièces de gauche chacune de vos forces, et dans les autres droits chacune des forces des personnes comparées. Ces puzzles peuvent se rejoindre pour rendre compte de forces similaires ou de forces complémentaires.

→ **Durée.** Quelques minutes.

Ce que je suis

6
Être ou ne pas être...

... compétent(e), intelligent(e), capable, légitime, digne (rayez les mentions inutiles).

> **Objectifs**
> → Relativiser le dénigrement des compétences inhérent au syndrome de l'imposteur.
> → Prendre le temps de s'arrêter sur vos réussites, sans jugement en lien avec le syndrome de l'imposteur.
> → Vous approprier vos succès en les expliquant d'une manière plus rationnelle.

Bonne nouvelle ! Les personnes qui manifestent le syndrome de l'imposteur sont des personnes compétentes, intelligentes et douées. C'est déjà un bon point de départ ! Il vous reste cependant à bien intégrer que, oui, vous êtes une personne compétente, intelligente et douée. **Que vous réussissez.** Mais ce n'est pas toujours facile, surtout lorsque le sentiment d'imposture obstrue notre vision des choses. Nous avons beau vous le dire, vous avez beau l'entendre, cela ne suffit pas, il convient d'en avoir, vous, conscience et de changer ce jugement sur vous-même par vos propres moyens.

Au cours de ce chapitre, nous allons détailler quelques techniques pour vous aider à vous approprier :

✓ vos succès passés ;

✓ mais aussi vos réussites actuelles.

De plus, comme nous l'avons vu au chapitre 1, les personnes qui manifestent le syndrome de l'imposteur ont tendance à ne pas attribuer correctement leurs réussites, à ne pas pouvoir reproduire un succès. Les exercices proposés dans ce chapitre vous permettront de considérer (aussi !) votre part de responsabilité dans vos succès.

Nous vous proposerons aussi des exercices relatifs à la notion de « comparaison », afin que vous appreniez un comportement plus adapté.

Focalisons-nous donc un moment sur vos réussites et sur ce qu'elles signifient. Nous souhaitons que vous vous arrêtiez un moment sur vos succès, au-delà du filtre du syndrome qui fausse votre interprétation. Après tout, ces réussites sont des **faits**. Et d'un point de vue tout à fait objectif, ces faits existent.

Quelle est votre success story ?

Nous n'avons pas toujours conscience de ce que nous avons pu accomplir dans le passé, et ceci est notamment le cas dans le syndrome de l'imposteur. La tendance est même d'ailleurs à se rappeler davantage ce qui n'a pas réussi que ce qui a réussi. Rare sont les personnes présentant ce syndrome qui s'arrêtent objectivement sur leurs succès accomplis et disent : « Je suis fier/fière d'avoir réalisé tout ça ! » En tant que telles, ces réussites sont là, mais l'interprétation que nous en faisons ne nous permet pas toujours de les considérer à leur juste valeur. C'est pourquoi nous allons vous demander de porter un nouveau regard sur ces faits, sans jugement ni interprétation pour le moment.

Ma *success story*

→ **Consigne**. Dans le tableau suivant :
- Listez dans la première colonne toutes vos réussites objectives (c'est-à-dire sans interprétation, sans jugement de valeur). Oui, toutes vos réussites **sans exception**, des plus minimes aux plus sensationnelles

- chaque réalisation est importante, surtout pour surmonter votre syndrome de l'imposteur. Vous pouvez ajouter le domaine concerné entre parenthèses.
- Dans la deuxième colonne, indiquez les résultats obtenus lors de ce travail accompli – les résultats concrets (notes, appréciations, commentaires ou retours positifs, par exemple).
- Dans la troisième colonne, indiquez les compétences acquises, mises en place ou développées à l'occasion de ce travail accompli (initiative, autonomie, sens du détail, par exemple). Cette colonne peut aussi être remplie avec les qualités dont vous auriez pu faire preuve.
- Enfin, dans la dernière colonne, indiquez votre degré de fierté ou de satisfaction associé à ces réussites et ces compétences (de 0 à 10, 10 étant le degré le plus élevé).

→ **Durée.** Cela dépend de vous et de tout ce que vous voulez noter !

Vous pouvez réaliser cet exercice dans différents domaines de votre vie, tant professionnel (mais ne rédigez pas un curriculum vitae !) que familial ou social, séparément ou ensemble, dans le(s) domaine(s) pour le(s) quel(s) vous vous sentez imposteur. Vous pouvez bien évidemment prendre le temps de le réaliser en plusieurs fois. N'hésitez pas à passer en revue la moindre de vos réussites – en restant centré sur les éléments positifs, bien sûr.

Voici un exemple pour vous aider.

Ma success story

Mes réussites passées (domaine)	Les résultats obtenus	Mes compétences ou mes qualités	Ma fierté et ma satisfaction (de 0 à 10)
Exemple : Obtenir mon doctorat en mathématique (étude).	Félicitations du jury, mention très honorable, titre de docteur.	Capacité de synthèse et de rédaction ; communication ; persévérance ; curiosité.	8

Mes réussites passées (domaine)	Les résultats obtenus	Mes compétences ou mes qualités	Ma fierté et ma satisfaction (de 0 à 10)
Exemple : Avoir élevé mes enfants et maintenu mon couple uni (famille).	Moments de partage ; soutien.	Sociabilité ; empathie ; amour.	9
Exemple : Avoir monté ma propre entreprise de conseils.	Train de vie agréable ; plaisir à faire mon activité ; rémunération acceptable.	Organisation ; autonomie ; courage ; leadership.	8

→ **Objectifs**
- Relativiser votre sentiment d'incapacité en vous centrant sur des indices objectifs de réussites.
- Prendre un temps pour réfléchir aux compétences acquises ou développées au cours de vos réalisations.
- Jauger votre sentiment d'accomplissement… nous ne le faisons pas assez souvent !

Ma success story

Mes réussites passées (domaine)	Les résultats obtenus	Mes compétences acquises	Ma fierté et ma satisfaction (de 0 à 10)

Mes réussites passées (domaine)	Les résultats obtenus	Mes compétences acquises	Ma fierté et ma satisfaction (de 0 à 10)

Cet exercice pourra servir de base pour la suite, alors gardez-le précieusement. De plus, afin de commencer une meilleure appropriation et augmentez votre sentiment d'auto-efficacité, vous pouvez réaliser (une nouvelle fois ?) l'exercice du chapitre 4 qui traite de cette question. Ne passez pas à côté de vos succès, ils sont une preuve objective de vos compétences et de vos qualités !

Et maintenant que vous avez commencé à consolider vos réussites passées, concentrons-nous sur vos réussites actuelles.

Mon carnet de réussites

Comme nous l'avons dit, les personnes présentant un syndrome de l'imposteur n'ont pas conscience de leur réussite – ou bien l'observent avec un filtre de faible acceptation de soi qui ne leur permet pas d'en être pleinement satisfaites. En fait, nous avons **tous** tendance à être davantage centrés sur le négatif que le positif. Cela vaut pour beaucoup de personnes et pour beaucoup de choses. En fin de journée, nous nous remémorons plus souvent ce qui s'est mal passé (les embouteillages sur le périphérique, une rencontre ratée, l'imprimante en panne, une erreur sur un dossier, une critique reçue sur notre manière de parler...)... tout un panel de situations difficiles et négatives.

Dans le syndrome de l'imposteur, les personnes ont encore plus tendance à se focaliser sur ce qui a été mal fait, mal dit, et, quoi qu'il en soit, considèrent même avoir moins bien réussi que les autres ou que ce qu'elles auraient voulu (les fameux « c'est normal », « j'ai eu de la chance », « j'aurai pu faire mieux » ou « ça n'a rien à voir comparé à... »). Or l'intérêt de notre démarche pour surmonter le syndrome est bien de nous concentrer sur des éléments objectivement positifs.

Voici donc ce que nous vous proposons.

> ### Mon carnet de réussites quotidiennes
>
> → **Consigne.** Chaque jour :
> - Prenez un temps au calme pour réfléchir au déroulement de votre journée.
> - Listez toutes vos réussites de la journée qui vient de s'écouler (dans un ou plusieurs domaines).
> - Gardez précieusement ce carnet à portée de la main.
>
> → **Durée.** 5 minutes chaque jour pendant 1 semaine.
>
> → **Objectifs**
> - Identifier au quotidien vos réussites objectives.
> - Maintenir une vision positive de soi pour surmonter son sentiment d'incompétence.

Outre augmenter la confiance en soi, ce carnet sera un soutien dans les moments de doute. Vous pouvez le placer sur votre table de chevet ou à un endroit bien en évidence afin de pouvoir le relire fréquemment (changez-le de place de temps en temps, par habitude vous risquez de ne plus le voir). N'hésitez pas à reproduire cet exercice si vous sentez que le syndrome réapparaît.

Exemples : mes réussites quotidiennes
(+ mes compétences ou mes qualités)

→ Lundi
- Concevoir le scénario d'une bande dessinée (créativité) ; faire un dessin humoristique (humour).
- Obtenir de l'aide pour un déménagement (négociation) ; calmer une dispute entre amis (gestion de conflit).
- Motiver les enfants pour le sport (*leadership*) ; planifier le week-end en amoureux (organisation, amour).

Mes réussites quotidiennes
(+ mes compétences ou mes qualités)

→ Lundi
- ....
- ....
- ....
- ....
- ....

→ Mardi
- ....
- ....
- ....
- ....
- ....

→ Mercredi
- ....
- ....
- ....
- ....
- ....

→ Jeudi
- ....
- ....
- ....
- ....
- ....

→ Vendredi
- ....
- ....
- ....
- ....
- ....

→ Samedi
- ....
- ....
- ....
- ....
- ....

→ Dimanche
- ....
- ....
- ....
- ....
- ....

Petit avertissement

Cet exercice a pour objectif de vous amener à mieux considérer vos compétences et votre efficacité... mais en aucun cas à vous considérer comme quelqu'un de valeur parce que vous réussissez des choses au quotidien. Il est important de ne pas confondre la réussite – qui nous servira à nous définir – et l'acceptation que nous avons envers nous-même quels que soient nos succès ou nos échecs.

Nous nous acceptons par ce que nous « sommes », pas par ce que nous « faisons ».

Avec tout ça, vous vous êtes rendu compte que vous réussissiez des choses au quotidien et que vous en avez réussi de belles dans le passé ! Mais à l'issue de cet exercice, peut-être vous dites-vous que, oui certes, vous avez des succès, mais qu'ils sont essentiellement dus à la chance ou au hasard ou peut-être même à vos relations. Aïe ! nous vous entendons. La prochaine étape est justement de relativiser ce point. Il est temps de travailler sur votre processus d'attribution.

« J'ai eu de la chance... » Oui, mais pas seulement !

Le poids des circonstances (internes/externes)

- **Rétablir la balance**

Vous avez pu identifier, dans le chapitre 1, les éléments que vous pouviez attribuer à des causes dites « externes » (chance, hasard, relations, environnement, etc.), c'est-à-dire indépendantes de vous (vos compétences, votre intelligence, vos aptitudes). Certaines croyances, que nous avons décrites au chapitre 2, peuvent vous amener à relativiser l'importance de votre rôle dans l'explication de votre situation actuelle.

Vous avez listé différentes réussites – peut-être même celles que votre entourage souligne pour vous rassurer, mais, en même temps, si vous ne croyez pas que vous avez été moteur dans ces succès, cela a peu d'intérêt. Identifier c'est bien, s'approprier c'est mieux. Il est donc temps de faire un point sur l'attribution, qui nous vient de Fritz Heider.

> Qu'est-ce que l'attribution ?
>
> Il s'agit de la manière dont nous expliquons un événement qui nous arrive ou une situation. Dans le syndrome de l'imposteur, concentrons-nous sur le succès.

> Nous pouvons tous attribuer un succès à :
> → des causes dites « externes », c'est-à-dire indépendantes de nous (l'environnement, la chance, le hasard, une erreur, des coïncidences) ;
> → des causes dites « internes », c'est-à-dire inhérentes à nos compétences, nos aptitudes, nos qualités ou notre personnalité.

Les personnes présentant le syndrome de l'imposteur ont tendance à attribuer leur réussite ou leur situation actuelle à des causes exclusivement **externes**, ce qui ne favorise ni l'appropriation de ses succès, ni le gain de confiance en soi. Et puisque nous aimons bien les nuances, considérons qu'il puisse y avoir différentes explications possibles pour justifier votre situation actuelle. Car, oui, vous avez peut-être eu de la chance, mais non, il n'y a pas que ça.

> « La chance ne sourit qu'aux esprits bien préparés. » Louis Pasteur

Identifions à présent plus précisément votre manière de vous attribuer votre situation actuelle, en essayant de considérer un ensemble de circonstances qui vous a permis d'en arriver là aujourd'hui.

Damien et le rôle joué par ses relations

« J'ai eu la **chance** de rencontrer les bonnes personnes au bon moment. Durant mes études d'ingénieur, l'un de mes enseignants à l'université nous a présenté des dirigeants d'entreprises dans le cadre d'un atelier sur les CV et lettres de motivation. J'ai pu échanger avec l'un d'entre eux, et comme **mon enseignant a vanté mes compétences**, j'étais la "vedette", on m'a proposé de faire un stage dans une entreprise de construction navale. Le stage s'est très bien passé et on m'a proposé une place après mon diplôme. Je suis actuellement ingénieur en construction navale. Je n'en reviens toujours pas à quel point ça a été facile, alors que tous mes amis de promotion ont

> encore du mal à trouver un emploi. Mais **si mon enseignant n'avait pas été là**, je n'aurai jamais pu faire ce stage. J'ai l'impression que **le fait qu'il m'ait vanté et qu'il connaisse le dirigeant** a énormément joué en ma faveur. Pourquoi moi et pas quelqu'un d'autre ? »

Nous voyons ici que Damien tend à attribuer sa position actuelle (son emploi) à des facteurs externes (indépendants de lui) :
- ses relations ;
- la chance.

Certes, ces éléments ont bien évidemment pu jouer dans son évolution professionnelle, mais il oublie que d'autres éléments peuvent expliquer son statut :
- les compétences qu'il a démontrées lors du stage ;
- son aisance relationnelle ;
- ses initiatives, sa motivation et sa persévérance, par exemple.

Vous n'êtes pas d'accord ? Accepteriez-vous que Damien reste, coûte que coûte, sur cette représentation de sa réussite ? Et dans ce cas, ne pourriez-vous pas, à votre tour, adopter un point de vue plus nuancé ? Souvenez-vous de ce que vous avez noté au chapitre 1 : **Quelles situations vous semblent être « le fruit du hasard », le résultat d'une erreur ou les conséquences de vos relations** (ou toutes autres circonstances ne dépendant pas de vous) ?

Vous pouvez vous y référer pour la suite de ce chapitre, puisque vous y avez répertorié certaines situations. Afin d'aider Damien, et de vous aider aussi si vous vous retrouvez dans son exemple, nous vous proposons de réaliser l'exercice suivant.

Mon tableau de circonstances

→ **Consigne**. Dans le tableau suivant :
- Notez dans la première colonne votre situation actuelle en fonction du domaine pour lequel vous désirez surmonter votre syndrome de l'imposteur.
- Indiquez dans la deuxième colonne, et ce de manière objective en prenant un peu de recul, les éléments d'attributions qui vous permettent de l'expliquer (attribution externe **et** interne, ne négligez surtout pas la deuxième).
- Précisez dans la colonne suivante s'il s'agit d'une attribution interne (vous) ou externe (environnement).
- Donnez dans la quatrième colonne un pourcentage à ces circonstances, c'est-à-dire à quel point elles ont pu jouer dans votre situation (entre 0 % et 100 %, 100 % étant une explication exclusive).
- Écrivez dans la troisième colonne des exemples précis de comportements ou d'attitudes que vous avez pu mettre en place, ou de situations que vous avez pu rencontrer qui rendent compte de ces circonstances.
- Enfin, mesurez à nouveau dans la dernière colonne (en termes de pourcentages) l'importance attribuée aux circonstances que vous avez décrites dans la deuxième colonne.

→ **Durée**. Quelques minutes.
→ **Objectifs**
- Amener des nuances dans votre processus d'attribution.
- Considérer votre part de responsabilité dans votre situation actuelle.

En réalisant cet exercice, Damien a pu mettre au jour les éléments suivants :

Mon tableau de circonstances

Ma situation actuelle	Mes éléments d'attributions (indiquez s'ils sont internes ou externes) :	À quel point cet élément a-t-il joué dans ma situation ?	Des exemples	À quel point l'élément décrit a-t-il finalement joué dans ma situation ?
Mon emploi	Chance (externe)	35 %	– Le déroulement de l'atelier. – La présence de dirigeants dont les pratiques m'intéressaient. – Un dirigeant m'a pris en stage sans me connaître.	10 %
	Relations (externes)	35 %	– Mon professeur m'a présenté. – Mon professeur a vanté mes mérites.	10 %
	Aisance relationnelle (interne)	10 %	– J'étais à l'aise lors de cette rencontre. – Nous avons échangé sur mon projet lors de cette rencontre. – J'ai pu faire preuve d'humour et cela a été bien reçu. – Je me suis bien intégré dans l'équipe durant le stage. – J'ai pu être un interlocuteur direct et apprécié entre les clients et les équipes.	20 %

Ma situation actuelle	Mes éléments d'attributions (indiquez s'ils sont internes ou externes) :	À quel point cet élément a-t-il joué dans ma situation ?	Des exemples	À quel point l'élément décrit a-t-il finalement joué dans ma situation ?
	Compétences (interne)	10 %	– J'ai participé à la réalisation des plans de conception de plusieurs bateaux. – J'ai soutenu la supervision de l'équipe, fait parvenir les devis et les plans. – Je me suis assuré de la bonne logistique des chantiers	30 %
	Sens de l'initiative (interne)	10 %	– J'ai proposé une alternative à certaines solutions techniques mises en place lors de mon stage.	30 %

Vous remarquerez qu'initialement, Damien expliquait son emploi à 35 % par la chance et à 35 % par ses relations. Les autres circonstances semblent au départ n'avoir que peu de poids. Pourtant, en y réfléchissant, Damien a pu identifier des exemples concrets pour chacune des différentes circonstances. Ainsi, nous constatons plusieurs choses :

- ✓ Certes, les éléments externes ont eu leur importance... mais elle reste relative. En observant les autres facteurs et des exemples qui les expliquent, les circonstances externes semblent moins pertinentes bien qu'elles aient pu avoir un rôle.
- ✓ Il y a moins d'exemples dans les circonstances externes (chance/relations) et, de plus, ils sont moins importants.
- ✓ Pour arriver à 100 % d'explication causale, si les facteurs internes ont finalement plus d'importance qu'initialement envisagé, il est

tout à fait normal d'observer une diminution du poids des facteurs externes.

À partir de cet exemple, vous pouvez remplir le tableau suivant :

Mon tableau de circonstances

Ma situation actuelle	Mes éléments d'attributions (indiquez s'ils sont internes ou externes)	À quel point cet élément a-t-il joué dans ma situation ?	Des exemples	À quel point l'élément décrit a-t-il finalement joué dans ma situation ?

Cet exercice n'est peut-être pas facile à faire.

- ✓ D'une part, vous n'avez peut-être jamais pris le temps de bien identifier l'ensemble des circonstances possibles ni de considérer leur juste poids dans l'explication de votre situation actuelle. C'est donc une première fois, soyez indulgent(e) envers vous-même.
- ✓ D'autre part, les croyances que nous pouvons avoir peuvent freiner l'appropriation de nos réussites (« c'est prétentieux de considérer sa part de responsabilité dans son succès ») – nous faisons référence aux messages qui ont pu vous être inculqués et qui sont parfois le fondement de votre syndrome de l'imposteur. Prenez le temps de bien les considérer et de juger de leur pertinence.

Lorsque vous pensez avoir terminé cet exercice, n'hésitez pas à bien le relire et à le reprendre avec du recul – vous aurez peut-être d'autres idées. Questionnez-vous ensuite sur votre sentiment de fierté et d'accomplissement.

Ci-dessous, nous vous proposons d'autres éléments explicatifs et des moyens pour les relativiser.

◆ **Un peu de gratitude ?**

Au-delà de la chance ou du hasard, est-ce que ce sont vos relations qui expliquent essentiellement votre situation actuelle ? Dans ce cas, avez-vous pensé à remercier ces personnes ? Si nous partons du principe que seul cet élément a impacté vos réussites (ce en quoi nous doutons), il serait peut-être légitime d'être reconnaissant(e) vis-à-vis de ces personnes, qu'en pensez-vous ?

La gratitude a des effets notables sur, entre autres, le soutien social, l'utilisation de stratégies adaptatives, la satisfaction de vie ou encore la diminution d'émotions négatives. Cela a donc tout son intérêt au regard des manifestations du syndrome de l'imposteur qui implique :

- ✓ un manque de soutien perçu (impression de ne pas avoir ou avoir eu de mentor, d'appui pour en arriver là) ;
- ✓ une plus faible satisfaction de vie, un moindre bien-être ;

- ✓ le cycle de l'imposteur (qui englobe des stratégies d'auto-handicap) (voir chapitre 7) ;
- ✓ une prévalence plus importante d'émotions négatives.

> ### « Je te/vous suis reconnaissant(e) »
>
> → **Consigne**. Faites une liste des personnes que vous aimeriez remercier de vous avoir permis d'en être là aujourd'hui :
> - Notez leur nom dans la première colonne et, dans la deuxième colonne, l'objet de votre gratitude. Remerciez-les alors directement, en vrai, honnêtement (après tout, elles seraient **la cause unique** de votre situation, c'est important n'est-ce pas ?).
> - Indiquez alors la réponse qui vous est faite dans la troisième colonne.
> - Inscrivez, enfin, dans la dernière colonne, votre degré de fierté quant à votre situation actuelle (allant de 0, « pas du tout fier/fière », à 10, « très fier/fière »).
>
> → **Durée**. Quelques minutes (variables en fonction des personnes que vous allez remercier...).
>
> **Objectifs**
> → Exprimer votre reconnaissance aux personnes qui ont eu un rôle dans vos réussites (un rôle, certes, mais pas l'unique).
> → Recevoir des avis concrets des raisons pour lesquelles vous en êtes là aujourd'hui.

« Je te/vous suis reconnaissant(e) »

La personne remerciée	L'objet de ma gratitude	La réponse reçue	Ma fierté sur ma situation (de 0 à 10)
-	-	-	-

La personne remerciée	L'objet de ma gratitude	La réponse reçue	Ma fierté sur ma situation (de 0 à 10)
–	–	–	–
–	–	–	–
–	–	–	–
–	–	–	–

Utilisez les réponses reçues pour vous rendre compte de l'opinion que la personne remerciée peut avoir sur vous – est-elle la preuve d'une imposture ? Cette personne vous considère-t-elle comme un imposteur ? Quels arguments utilise-t-elle, au cas où, pour appuyer les raisons de votre situation actuelle ? S'agit-il de circonstances internes (vos compétences, vos qualités) ou externes (juste votre charme, votre charisme, votre élégance, etc.) ? Ou, mieux encore, d'un peu des deux ?

Prenez bien le temps de considérer ces réponses pour relativiser votre syndrome de l'imposteur.

- **Il y a une erreur quelque part !**

Votre réussite est due à une erreur d'administration ? une erreur de note ? une erreur de jugement ? Les gens se sont peut-être trompés de CV pour vous embaucher – ou ils l'ont mal lu, ce qui est aussi une erreur... Toutes ces circonstances qui peuvent expliquer un succès peuvent se retrouver dans le syndrome de l'imposteur. Mais est-ce vraiment le cas ?

Être ou ne pas être…

Virginie : « Ils se sont trompés »

« Je suis actuellement en licence et je dois faire des choix pour l'année prochaine, c'est-à-dire décider si je continue en master ou non. Le problème ? Je crois ne pas avoir les compétences pour poursuivre mes études. Ma famille et mes amies croient que je suis intelligente mais je ne suis pas d'accord avec eux. J'ai de bonnes notes… car **les personnes qui corrigent mes copies sont généreuses** et **ne savent pas me noter correctement** et parfois je me dis que **le secrétariat s'est trompé** en tapant mes notes sur l'ordinateur. Je ne me rends donc jamais à la consultation des copies par peur que mes professeurs s'aperçoivent qu'ils se sont trompés. »

Posons-nous maintenant les questions suivantes :

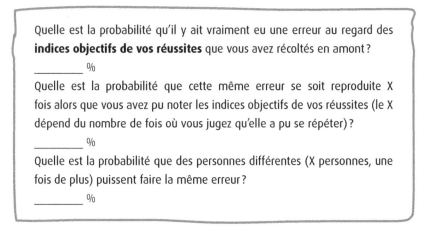

Vous venez donc de considérer différemment le poids des erreurs dans l'explication de votre situation actuelle en y réfléchissant de manière rationnelle.

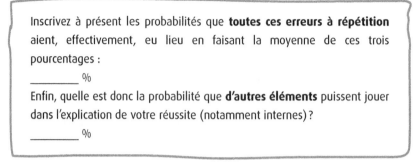

Inscrivez à présent les probabilités que **toutes ces erreurs à répétition** aient, effectivement, eu lieu en faisant la moyenne de ces trois pourcentages :
_____ %

Enfin, quelle est donc la probabilité que **d'autres éléments** puissent jouer dans l'explication de votre réussite (notamment internes) ?
_____ %

Vous pouvez vous servir de ces outils pour continuer à remplir votre tableau de circonstances (p. 200).

Le camembert des attributions

Afin d'avoir une vision plus claire encore du poids de chaque élément d'attribution dans l'explication de votre situation actuelle, nous vous proposons d'approfondir encore davantage cet exercice. Pour certains d'entre nous, passer par le visuel est plus pertinent – c'est pourquoi nous aimons bien proposer des variantes pour un exercice.

Nous appelons cet outil le « camembert des attributions » afin de bien visualiser le fait qu'il existe plusieurs causes probables à un événement.

Le camembert des attributions

→ **Consigne.** Dans le cercle suivant :
- Inscrivez les causes probables pouvant expliquer votre situation actuelle ou l'une de vos réussites (un seul élément pour le moment, le chapitre suivant nous permettra d'approfondir cette notion dans votre quotidien).
- Remplissez ce cercle avec à la fois des causes externes (indépendantes de vous) et des causes internes (provenant de vous).

→ **Durée.** Quelques minutes.

Au travers cet exercice, le but est de passer, par exemple pour Damien :

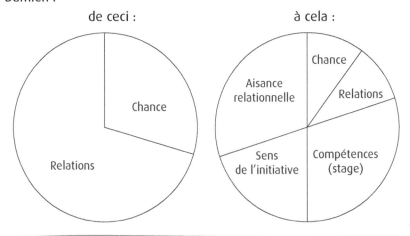

> **Objectifs**
> → Nuancer l'explication de votre situation actuelle.
> → Considérer votre part de responsabilités dans vos succès.
> → Vous approprier vos réussites.

Vous pouvez bien sûr, si vous le souhaitez :

✓ inscrire le pourcentage de chaque cause en fonction du degré d'importance que vous leur accordez finalement ;

✓ utiliser des couleurs différentes en fonction de l'attribution (ce qui provient de vous dans une couleur, ce qui provient de l'extérieur d'une autre).

Voici l'exemple de Damien :

- en *italique*, il a pu indiquer les éléments d'attributions externes vis-à-vis de son emploi actuel ;
- en **gras**, les éléments d'attributions internes.

Vous pouvez ainsi observer de manière plus réaliste les éléments explicatifs de votre situation/réussite actuelle.

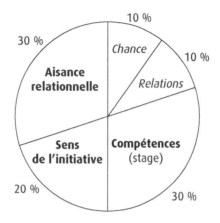

Maintenant, à vos crayons !

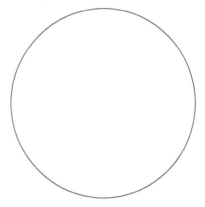

Maintenant que vous avez réalisé différents exercices portant sur le dénigrement des compétences et le processus d'attribution, faites une pause et demandez-vous ce que vous pensez de votre situation actuelle. Prenons l'exemple de Damien qui a travaillé sur son processus d'attribution :

Exemple : Damien, quel bilan faites-vous de ces exercices ?

« Je me dis toujours que la chance ou mes relations ont pu jouer dans le fait d'avoir mon emploi actuel. Comme pour beaucoup de personnes, ça arrive et ça fonctionne. Être au bon endroit au bon moment, faire marcher son réseau, ce sont des choses qui peuvent fournir des éléments d'explications mais ce ne sont finalement pas les seuls. Il faut tout de même être intelligent et compétent pour avoir fait ses preuves dans un stage et ensuite être directement embauché après ses études. J'ai pu mettre à profit ces capacités et les utiliser au bon moment. Je continue d'ailleurs à les utiliser au quotidien pour réussir dans mon travail tout en me sentant plus légitime vis-à-vis de mon statut. »

Quel bilan faites-vous de ces exercices ?

....
....
....
....
....

Gardez précieusement ces lignes, elles vous serviront dans les moments de doutes. Car ici, à cet instant t, vous avez pu considérer votre part de responsabilité dans vos réussites. C'est donc possible, et vous pouvez le refaire si besoin.

« OK, c'est bien, mais comparé à... »

Ah, cette comparaison sociale !

> « Je suis nul dans mon emploi comparé à mes collègues. »
> « Je ne sais rien comparé à mes camarades étudiants. »
> « Je suis une mère nulle comparée aux autres mères. »
> « Si j'observe les autres, je ne suis pas vraiment légitime comme ami(e) dans mon groupe. »
> Et toutes sortes de comparaisons possibles (liste non exhaustive)...

Les paragraphes précédents vous ont permis de commencer à mieux mesurer et appréhender vos réussites. Néanmoins, il reste un point important. Après tout, « ce que je fais peut être bien, je peux être compétent(e), intelligent(e) mais comparé à... ça n'a rien à voir ! ».

Nous avons tous, toujours, tendance à nous comparer. C'est un processus **normal**. Dans le syndrome de l'imposteur, il est cependant parfois peu adapté – du fait notamment des messages que vous avez pu recevoir (voir chapitre 2).

Loin de nous l'idée de décrire ici de manière complète le processus de comparaison sociale – nous ne nous concentrerons que sur les éléments en lien avec le syndrome de l'imposteur. Mais il nous semble intéressant de vous apporter quelques notions, en nous basant sur les théories de Léon Festinger.

> **La comparaison sociale, qu'est-ce que c'est ?**
>
> La comparaison sociale est un processus par lequel nous évaluons nos propres avis ou capacités en comparaison à d'autres personnes pour mieux nous connaître. Elle a pour but, entre autres, de préserver ou d'augmenter

la confiance en soi, par exemple d'évaluer correctement ses propres compétences ou son avis, et de réduire l'incertitude.

Trois comparaisons sociales sont possibles :
1. la comparaison sociale latérale (avec des individus perçus comme égaux à soi-même) ;
2. la comparaison sociale descendante (avec des individus perçus comme moins compétents que soi-même) ;
3. et la comparaison sociale ascendante (avec des individus perçus comme plus compétents que soi-même).

À quoi sert-elle ?

Chaque comparaison a ses fonctions :
1. la comparaison sociale latérale nous permet de confirmer notre avis, identifier des alliés et mesurer notre légitimité ;
2. la comparaison sociale descendante nous permet de rehausser notre image de nous-même et de nous rassurer ;
3. la comparaison sociale ascendante nous permet de favoriser l'ambition ou le progrès dans une tâche.

Ceci est une description théorique car dans le syndrome de l'imposteur, les choses fonctionnent légèrement différemment. Les personnes présentant un syndrome de l'imposteur ont tendance à s'identifier aux individus perçus comme moins compétents (« je suis comme la personne que je juge peu douée ») et à se différencier des individus perçus comme égaux ou plus compétents (« je suis moins bien que les personnes que je juge douées »). Peut-être est-ce ce que vous faites ?

« À qui je me compare ? »

→ **Consigne**. Au quotidien sur une semaine, dans le tableau suivant :
- Inscrivez dans la première colonne les personnes à qui vous avez tendance à vous comparer au quotidien (ajoutez les domaines concernés entre parenthèses).

- Indiquez dans la deuxième colonne s'il s'agit d'une comparaison sociale latérale (votre égal), descendante (moins compétente) ou ascendante (plus compétente).
- Enfin, dans la troisième colonne, notez ce que cela vous fait.

→ **Durée**. Pendant une semaine.
→ **Objectifs**
- Observer votre manière de vous comparer aux autres.
- Comprendre comment cela peut entretenir votre syndrome de l'imposteur.

« À qui je me compare ? »

	À qui je me compare ? (dans quel domaine ?)	Est-ce une comparaison latérale, descendante ou ascendante ?	Qu'est-ce que cela me fait ?
Lundi			
Mardi			
Mercredi			
Jeudi			
Vendredi			
Samedi			
Dimanche			

Cet exercice d'auto-observation est très utile pour vous rendre compte de la manière dont vous vous comparez aux autres et à quelle fréquence. Cela permet aussi de faire une pause dans votre lecture et de mieux vous approprier les notions ! Quel bilan faites-vous de ce processus de comparaison au regard de votre syndrome (cette comparaison sociale est-elle utile et pourquoi ?)

> **Quel bilan faites-vous de cet exercice ?**
> ....
> ....
> ....
> ....
> ....

Si vous avez remarqué quelque chose d'intéressant n'hésitez pas à poursuivre, c'est une excellente première démarche d'acceptation de soi !

Vers une meilleure comparaison possible ?

Vous avez pu lister en amont vos réussites, vos qualités et compétences. Cela témoigne déjà, malgré votre syndrome, d'une certaine expertise dans votre domaine. Pourtant, peut-être êtes-vous dans la configuration ci-après ?

Les personnes qui souffrent du syndrome de l'imposteur ont en effet un profond sentiment d'infériorité par rapport aux autres (mais aussi par rapport à leur niveau d'exigence). Notre objectif est de changer un tant soit peu cette représentation. L'exercice suivant est une sorte d'approfondissement de votre carnet de réussites quotidiennes.

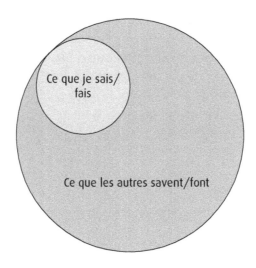

« Je ne suis pas si nul(le) que ça ! »

→ **Consigne**. Choisissez une personne à laquelle vous comparer. Puis, au quotidien sur une semaine, dans le tableau suivant :
- Indiquez dans la première colonne ce que vous avez pu réaliser sur une journée : ce sont vos réussites, comme vous avez déjà pu le faire en amont, en indiquant entre parenthèses votre degré de maîtrise par rapport à cette tâche, de 0 % (aucune maîtrise, aucune connaissance) à 100 % (maîtrise totale, connaissance absolue).
- Inscrivez dans la deuxième colonne les réussites de la personne à laquelle vous vous êtes comparé, ainsi que le degré de maîtrise qui s'y rapporte (objectivement, le but n'est certainement pas de lui donner 100 % partout et tout le temps).
- Enfin, dans la troisième colonne, décrivez si la tâche est différente ou similaire. Si elle est différente, indiquez si vous êtes capable de faire l'autre tâche et si la personne comparée est en mesure de faire la vôtre (en inscrivant le degré de maîtrise à nouveau).

→ **Durée**. Pendant une semaine.

Être ou ne pas être...

Objectifs
→ Adopter une meilleure attitude de comparaison de l'autre.
→ Observer les différences de compétences de chacun.

« Je ne suis pas si nul(le) que ça ! »

	Ce que j'ai réussi (pourcentage de maîtrise)	Ce que l'autre a réussi (pourcentage de maîtrise)	La réussite est-elle différente ou similaire ? (pourcentage de maîtrise pour moi et l'autre si différent)
Lundi			
Mardi			
Mercredi			
Jeudi			
Vendredi			
Samedi			
Dimanche			

Suite à cette auto-observation, nous pouvons tirer les conclusions suivantes :

- ✓ Tout le monde ne sait pas **tout** faire **tout le temps** à 100 %. L'avez-vous observé pour vous et pour la personne comparée ?
- ✓ Ne pas savoir au même niveau que l'autre **ne signifie pas ne pas savoir du tout**. D'ailleurs, plusieurs facteurs rentrent en jeu, comme l'âge, le degré d'expérience, la facilité d'apprentissage, etc. Avez-vous observé que vous maîtrisiez tout de même certaines tâches que vous avez réussies, à différents degrés, même si la personne comparée semblait la maîtriser aussi ?
- ✓ Ne pas réussir les mêmes choses que l'autre ne signifie pas pour autant **ne pas être au même niveau**. Avez-vous constaté que vous réussissiez certaines choses et pas la personne comparée ?

N'hésitez pas à reproduire l'exercice si nécessaire !

Pour compléter cette semaine d'auto-observation, listez dans les cercles suivants les réussites quotidiennes que vous avez pu répertorier, pour vous et la personne comparée. Vous observerez que cette représentation n'est pas tout à fait la même.

Vous paraît-elle plus adéquate ?

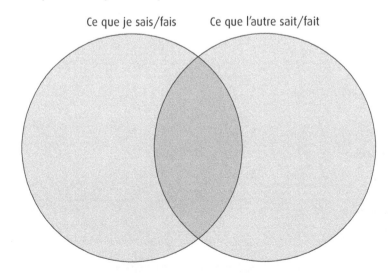

Ce que je sais/fais — Ce que l'autre sait/fait

> **Quel bilan faites-vous de cet exercice ?**
> ....
> ....
> ....
> ....
> ....

Si nous envisageons la notion de comparaison plus globalement, le type de configuration présentée ci-dessous semble plus réaliste. Si vous vous sentez prêt à remplir les cercles, allez-y !

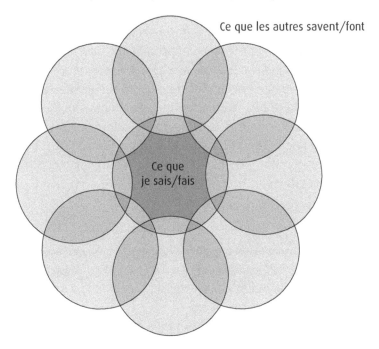

Pour finir, serait-il possible d'adopter d'autres comportements concernant la comparaison sociale ? Nous avons quelques idées mais vous pouvez aussi noter les vôtres.

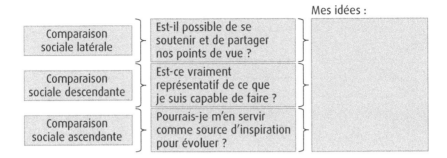

Pour conclure : alors, pas si imposteur que ça ?

S'arrêter sur ses réussites, prendre le temps de les mesurer et de se les approprier est une excellente démarche pour surmonter son syndrome. Cela signifie dépasser le filtre qui vous empêche de les savourer en considérant votre part de responsabilité (les facteurs internes) dans l'explication causale de votre situation actuelle. Expliquer vos réussites par des causes exclusivement externes n'est objectivement pas rationnel – et il n'y a aucune preuve que seul ces éléments aient pu jouer, comme vous l'ont prouvé les exemples précis d'autres explications possibles.

Que pouvons-nous retenir ?

> → Que de la chance ? Il est rare qu'un seul élément puisse expliquer à lui seul une situation, entre autres ici vos succès ou votre situation actuelle.
> → La comparaison sociale est utile, surtout si on l'utilise à bon escient dans le syndrome de l'imposteur.
> → Restez modeste : vous n'avez pas besoin de clamer haut et fort vos réussites pour vous les approprier, elles sont à vous. Prenez juste le temps de les savourer, pour vous. Pourriez-vous être fier/fière d'être humble tout en savourant vos succès ? Même s'il y a peu de risque que vous deveniez tout à coup une personne prétentieuse !

Nous avons tous nos connaissances et notre intelligence. Comme le disait Einstein :

> « Tout le monde est intelligent. Mais si vous jugez un poisson sur ses capacités à grimper à un arbre, il passera sa vie à croire qu'il est stupide. »

Et vous, quelle conclusion faites-vous de ce chapitre sur le dénigrement des compétences ?

Quel bilan faites-vous de ce chapitre ?
....
....
....
....
....

Mon cahier d'exercices

Être ou ne pas être...

... compétent(e), intelligent(e), capable, légitime, digne (rayez une nouvelle fois les mentions inutiles si vous le souhaitez).

Ma *success story*

→ **Consigne.** Dans le tableau suivant :
- Listez dans la première colonne toutes vos réussites objectives **sans exception**, des plus minimes aux plus sensationnelles.
- Dans la seconde colonne, indiquez les résultats obtenus de ce travail accompli (notes, appréciations, commentaires ou retours positifs, par exemple).
- Dans la troisième colonne, indiquez les compétences ou qualités acquises, mises en place ou développées du fait de ce travail accompli.
- Enfin, dans la dernière colonne, indiquez votre degré de fierté ou de satisfaction associé à ces réussites et ces compétences (de 0 à 10, 10 étant le degré le plus élevé).

→ **Durée.** Quelques minutes.

Ma success story

Mes réussites passées (domaine)	Les résultats obtenus	Mes compétences acquises	Ma fierté et ma satisfaction (de 0 à 10)
–			
–			
–			
–			
–			
–			

Mon carnet de réussites quotidiennes

→ **Consigne.** Chaque jour :
- Prenez un temps au calme pour réfléchir au déroulement de votre journée.
- Listez alors toutes vos réussites de la journée qui vient de s'écouler (dans un ou plusieurs domaines).
- Gardez précieusement ce carnet à votre portée.

→ **Durée.** 5 minutes chaque jour pendant 1 semaine.

Mes réussites quotidiennes (+ mes compétences ou mes qualités)

→ Lundi
- ....
- ....
- ....
- ....
- ....

→ Mardi
- ....
- ....
- ....
- ....
- ....

→ Mercredi
- ....
- ....
- ....
- ....
- ....

→ Jeudi
- ....
- ....
- ....
- ....
- ....

→ Vendredi
- ....
- ....
- ....
- ....
- ....

→ Samedi
- ....
- ....
- ....
- ....
- ....

→ Dimanche
- ....
- ....
- ....
- ....
- ....

Mon tableau de circonstances

→ **Consigne.** Dans le tableau suivant :
- Notez dans la première colonne votre situation actuelle.
- Indiquez ensuite les éléments d'attributions qui vous permettent de l'expliquer (externes **et** internes, ne négligez surtout pas les deuxièmes).
- Attribuez dans la quatrième colonne un pourcentage à ces circonstances (entre 0 % et 100 %, 100 % étant une explication exclusive).
- Écrivez dans la troisième colonne des exemples précis de comportements ou d'attitudes que vous avez pu mettre en place ou de situations que vous avez pu rencontrer.
- Enfin, mesurez à nouveau dans la dernière colonne l'importance attribuez aux circonstances que vous avez décrites dans la deuxième colonne.

→ **Durée.** Quelques minutes.

Mon tableau de circonstances

Ma situation actuelle	Mes éléments d'attributions (indiquez s'ils sont internes ou externes)	À quel point cet élément a-t-il joué dans ma situation ? (de 0 % à 100 %)	Des exemples	À quel point l'élément décrit a-t-il finalement joué dans ma situation ? (de 0 % à 100 %)

« Je te/vous suis reconnaissant(e) »

→ **Consigne.** Faites une liste des personnes que vous aimeriez remercier pour vous avoir permis d'en être là aujourd'hui.
- Notez leur nom dans la première colonne et, dans la deuxième colonne, l'objet de votre gratitude. Remerciez-les alors directement, en vrai, honnêtement, soyez chaleureusement reconnaissant(e) (après tout, elles seraient **la cause unique** de votre situation, c'est important, n'est-ce pas ?).

- Indiquez alors la réponse qui vous est faite dans la troisième colonne.
- Inscrivez, enfin, dans la dernière colonne, votre degré de fierté quant à votre situation actuelle (allant de 0, « pas du tout fier/fière », à 10, « très fier/fière »).
→ **Durée.** Quelques minutes (variables en fonction des personnes que vous allez remercier...).

« Je te/vous suis reconnaissant(e) »

La personne remerciée	L'objet de ma gratitude	La réponse reçue	Ma fierté sur ma situation (de 0 à 10)
-	-	-	-
-	-	-	-
-	-	-	-
-	-	-	-
-	-	-	-
-	-	-	-
-	-	-	-

Le camembert des attributions

→ **Consigne.** Dans le cercle ci-dessous :
- Inscrivez les causes probables pouvant expliquer votre situation actuelle ou l'une de vos réussites (un seul élément pour le moment, l'exercice suivant nous permettra d'approfondir cette notion dans votre quotidien).
- Remplissez ce cercle avec à la fois des causes externes (indépendantes de vous) et internes (provenant de vous).

→ **Durée.** Quelques minutes.

« À qui je me compare ? »

→ **Consigne.** Au quotidien sur une semaine, dans le tableau suivant :
- Inscrivez dans la première colonne les personnes à qui vous avez tendance à vous comparer au quotidien (ajoutez les domaines concernés entre parenthèses).

- Indiquez s'il s'agit d'une comparaison sociale latérale (votre égal), descendante (moins compétente) ou ascendante (plus compétente) dans la deuxième colonne.
- Enfin, dans la troisième colonne, notez ce que cela vous fait.
→ **Durée.** Une semaine.

« À qui je me compare ? »

	À qui je me compare ? (dans quel domaine ?)	Est-ce une comparaison latérale, descendante ou ascendante ?	Qu'est-ce que cela me fait ?
Lundi			
Mardi			
Mercredi			
Jeudi			
Vendredi			
Samedi			
Dimanche			

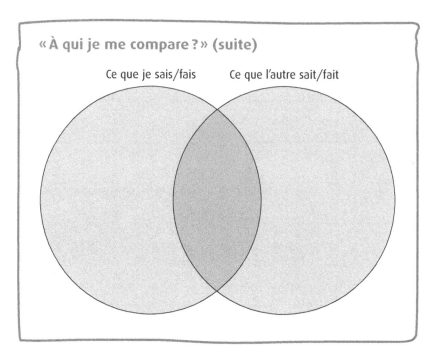

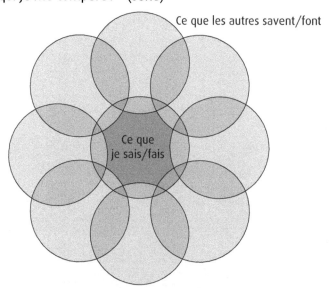

7
Je procrastinerai demain...

... et je change ma manière d'être perfectionniste.

Objectifs

→ Apprendre à connaître le cycle de l'imposteur qui s'installe et se maintient de manière insidieuse.
→ Identifier vos comportements inadaptés en lien avec le syndrome de l'imposteur.
→ Mettre en place un changement de rituels de pensées et de comportements.

Qu'est-ce que le cycle de l'imposteur ?

Il est temps à présent d'aborder le cycle de l'imposteur. Un cycle que nous pouvons parfois adopter sans même nous en rendre compte mais qui pourtant alimente notre manque de confiance en soi, notre faible sentiment d'auto-efficacité ou notre faible acceptation de soi. Un cycle qui a ainsi tendance à se répéter sous forme de cercle vicieux. Le principe est de pouvoir agir sur une ou plusieurs de ses parties pour instaurer un cercle plus vertueux. Tout au long de ce chapitre et des exercices proposés, nous allons donc vous montrer comment agir sur différents éléments de ce cycle. Il vous sera alors possible de faire le lien avec d'autres outils présentés précédemment.

Mais d'abord, qu'est-ce que le cycle de l'imposteur ?

Carla et le cycle de l'imposteur

« Je suis journaliste. À chaque fois c'est pareil lorsque je dois réaliser un reportage. **Je m'y mets à 100 %.** J'adore ça, j'adore mon métier mais j'ai toujours cette certitude de ne pas être à la hauteur. Je fais en sorte que tout soit **bien préparé, bien agencé**. Il faut que ce soit **parfait. Irréprochable.** Comme ça au moins, je montre aux autres que je suis compétente dans mon travail et il n'y a plus de risque que je sois renvoyée. Dans ces moments-là, **rien n'arrive à me sortir de ma tâche**. Je suis obnubilée, à la recherche **du moindre détail** qui pourrait me discréditer. Ça m'épuise. Je suis tout le temps **lessivée** et les autres reportages n'avancent pas. C'est tellement stressant. En plus, généralement, le reportage est réussi. D'ailleurs, à chaque fois, beaucoup de collègues me félicitent. Tout le monde est fier, **sauf moi**. Je ne sais jamais quoi dire face à ces compliments. Je me dis juste, au fond de moi, que **si j'ai dû y mettre tant d'énergie, tant d'efforts, comparé aux autres qui font tout ça les doigts dans le nez, c'est que je ne suis pas si compétente que ça**. Et surtout que la prochaine fois, je n'y arriverai pas. Je ne pourrai pas de nouveau être aussi stressée et impliquée. »

Carla a mis en place un cycle de l'imposteur et elle s'en est rendu compte. Peut-être vous êtes-vous retrouvé dans cette histoire ou dans certains de ces comportements ?

Alors, qu'est-ce que le cycle de l'imposteur ? Puisqu'un dessin vaut mieux qu'un long discours, nous vous proposons une manière de le présenter. Le cycle de l'imposteur se déroule ainsi :

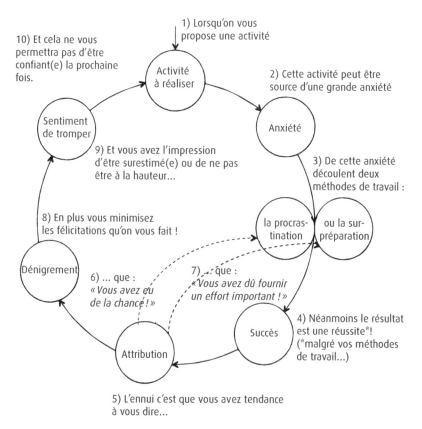

Ce cercle vicieux aura ainsi tendance à se répéter, à chaque fois que se remettront en place les mêmes habitudes de travail et la même anxiété ressentie lors de la réalisation d'un projet. Car, malgré tout, le projet a été une réussite et vous avez donc appris, quoi qu'il vous en ait coûté, que ces méthodes fonctionnaient... même si elles sont loin d'être optimales. Par ailleurs, au lieu de vous donner confiance, ce cycle vous amène à considérer toujours davantage que vous n'êtes, en réalité, pas à la hauteur. Que vous êtes un imposteur.

Il est important que vous ayez une représentation claire de ce cycle – étant donné que vous pouvez vous-même le mettre en place. Il commence par un doute profond concernant ses capacités, il entraîne des comportements inadaptés, dit « d'auto-sabotage », et se termine par un autodénigrement de ses compétences. Identifier précisément comment il se met en place vous permettra d'améliorer votre auto-observation. Il s'agit d'ailleurs de l'exercice que nous vous proposons.

> **Mon cycle de l'imposteur**
>
> → **Consigne.** Réfléchissez à une situation dans laquelle vous avez pu mettre en place ce cycle de l'imposteur afin de le décrire dans les cases correspondantes ci-après.
> → **Durée.** Quelques minutes.
>
> **Objectifs**
> → Vous rendre compte de la manière dont fonctionne votre cycle de l'imposteur.
> → Identifier les étapes inadaptées.
> → Mettre en place des outils pour instaurer un cercle plus vertueux.

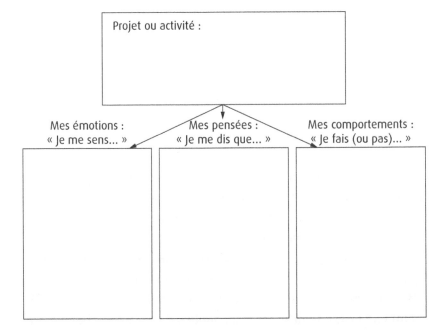

En fonction de ce que vous aurez noté dans ces cases, nous allons pouvoir orienter les exercices, tant de gestion du temps, du stress que des méthodes de travail (Chapelle et Monié, 2007; Mirabel-Sarron et Chidiac, 2012).

Les exercices que nous vous proposons vont aborder l'anticipation de la tâche (cercle «anxiété» bien que nous ne traiterons pas spécifiquement de cette manifestation) mais aussi les méthodes de travail et les comportements mis en place pendant le cycle (cercle «procrastination» et «sur-préparation»). Nous vous fournirons de plus des outils pour accepter le (cercle) «succès» en travaillant le processus d'attribution et la réception des compliments.

> **Notes**
>
> Certains éléments de ce cycle sont travaillés de manières différentes dans d'autres chapitres.
> Référez-vous au chapitre 6 pour ce qui concerne l'attribution (chance/effort) et le dénigrement de compétences.
> Si les pensées sont en lien avec la peur de l'échec ou du succès, vous pouvez vous approprier les notions décrites au chapitre 4.

Nous vous proposons l'ordre suivant pour les réaliser afin de rompre ce cycle à différents endroits.

> **Ce que vous trouverez ici**
>
> → Relativiser les situations stressantes.
> → Gérer la procrastination.
> → Surmonter les tendances à la sur-préparation ou à la suractivité.
> → Utiliser des méthodes de relaxation pour vous détendre (et autres activités plaisir!).
> → Avoir conscience de ses compétences.

En amont du cycle

Au début du cycle, il y a généralement du stress, de l'anxiété, de fortes inquiétudes, des doutes intenses... voire pour certaines personnes des cauchemars concernant la tâche à réaliser. Afin de vous aider à vous questionner de manière objective sur ces comportements, nous allons vous proposer une série d'outils servant à la fois à changer votre représentation de la situation mais aussi à gérer votre anxiété.

Le rituel de pensée

Lors de l'entrée dans le cycle de l'imposteur, nous avons vu, et vous l'avez noté, qu'un certain nombre de pensées peuvent émerger. Elles peuvent, par exemple, être en lien avec du pessimisme, une anticipation d'échec, un sentiment d'incapacité, un faible sentiment d'efficacité personnelle.

Avant de vous engager dans une tâche, nous vous invitons à vous poser des questions mais, cette fois-ci, les bonnes questions. Quel est, avant tout, votre but quant à la tâche à réaliser ? Généralement, les personnes qui présentent le syndrome de l'imposteur sont dans une recherche de performance, elles adoptent donc les pensées suivantes :

> « Je ne dois absolument pas échouer. »
> « Je ne dois pas faire la moindre erreur. »
> « Je vais échouer, je n'y arriverai jamais. »
> « Il faut que je réussisse coûte que coûte. »

Cette petite liste n'est absolument pas exhaustive, vous pouvez bien entendu vous référer aux croyances que vous avez déjà identifiées et qui sont plus pertinentes pour vous dans l'exercice précédent. À l'origine de ces pensées, se trouve bien sûr la peur d'être démasqué(e) par les autres.

Nous souhaitons maintenant que vous adoptiez une autre attitude pour surmonter les tendances inhérentes au syndrome de l'imposteur ainsi que le stress engendré par ces exigences. Les personnes présentant ce syndrome tendent à être perfectionnistes ; elles anticipent un échec éventuel et sont généralement insatisfaites de leurs succès. Elles présentent aussi de grandes exigences envers elles-mêmes pour être sûres de ne pas être démasquées par les autres et pour prouver (aux autres comme à elles-mêmes) qu'elles peuvent être compétentes. Nous vous proposons un *leitmotiv* différent à apprendre pour vos prochaines réalisations :

> « Je vais faire de mon mieux. »

Cet objectif peut paraître relativement simple – quoique parfois difficile à adopter, pourtant – mais il induit une diminution des exigences (sans nécessairement amoindrir votre performance) ainsi que de l'anxiété de performance inhérente au syndrome de l'imposteur. Il vous permettra d'être plus distant par rapport à votre performance sans pour autant diminuer vos efforts. Ils seront en revanche plus adaptés. Faire de son mieux est en tant que tel déjà une forme de réussite. Et en adoptant ce type de pensée, vous travaillez déjà sur votre acceptation inconditionnelle. (Pour tout ce qui concerne la relativisation de la peur de l'échec, nous vous invitons à lire le chapitre 4.)

Pour comprendre et justifier l'utilité de ce nouveau rituel de pensée, vous pouvez vous poser les questions suivantes :

- ✓ Quels sont les aspects positifs de **ces deux pensées**, c'est-à-dire votre pensée initiale et celle que nous vous proposons ?
- ✓ Quelles sont les conséquences négatives de ces deux pensées ?

Je change mon rituel de pensée

→ **Consigne**. Dans le tableau suivant :
- Notez dans la première colonne votre pensée initiale. Elle peut se référer à la liste que nous vous avons proposée ci-dessus ou être issue de votre propre expérience et de votre auto-observation.
- Inscrivez dans la deuxième colonne les conséquences positives de cette pensée. Vous pourrez, de plus, indiquer entre parenthèses à quel point ces conséquences sont importantes pour vous, à quel point vous en êtes convaincu(e) ou à quel point cela a un impact (en termes de pourcentage).
- Décrivez dans la dernière colonne les conséquences négatives en y ajoutant à nouveau le pourcentage associé.
- Enfin, additionnez ces pourcentages pour observer si cette pensée a davantage de conséquences positives ou négatives afin de vous rendre compte à quel point ces pensées peuvent être fonctionnelles pour votre bien-être.

→ **Durée**. Quelques minutes.

Je change mon rituel de pensée

Ma pensée initiale	Ses avantages	Ses inconvénients
Exemple : « Je ne dois absolument pas échouer. »	Motivation à réussir (80 %).	– Anxiété, stress (60 %). – Préparation excessive (50 %). – Pas de moment de répit (40 %). – Fort impact sur l'estime de soi en cas d'échec (70 %).

En prenant cet exemple, nous constatons, d'une part, que cette première pensée a plus d'inconvénients que d'avantages. En additionnant les résultats de chacune des colonnes, nous observons qu'en termes de pourcentages, cette pensée a 80 % d'avantages (évidemment, elle pousse à l'investissement, au souci du détail, à l'obtention d'un très bon résultat) mais 220 % d'inconvénients. Cette liste de conséquences positives et négatives n'est pas exhaustive mais elle fournit un premier indice de l'utilité d'une telle pensée.

Une fiche de comparaison est présentée ci-après, ainsi qu'en annexe de ce chapitre dans votre cahier d'exercice. Prenez votre temps pour bien pondérer ces deux rituels de pensée et juger de leur fonctionnalité.

> **Objectifs**
> → Jaugez les intérêts et limites de chaque rituel de pensée.
> → Identifier celui qui peut vous correspondre le mieux au regard de votre syndrome de l'imposteur.
> → Choisir une pensée plus fonctionnelle pour la mettre en place.

Je change mon rituel de pensée

Ma pensée initiale	Ses avantages	Ses inconvénients
–	–	–
	Somme des % :	Somme des % :
Mon autre pensée	**Ses avantages**	**Ses inconvénients**
– « Je vais faire de mon mieux. »	–	–
	Somme des % :	Somme des % :

Les personnes présentant le syndrome de l'imposteur ont tendance à voir les situations comme plus **stressantes** ou **menaçantes** que les autres et manifestent, de plus, une faible perception de leurs compétences. Le but de « faire de son mieux » est double :

1. réévaluer le but de l'activité afin de la rendre moins aversive ;
2. envisager de mettre en place le meilleur de soi de manière adaptée.

Avec cet exercice, vous avez pu vous positionner et apporter des nuances dans votre processus de pensées. Continuons dans cette voie !

Le recadrage positif

> **Alain et sa conférence**
>
> Alain doit réaliser une présentation lors d'une conférence en pharmacologie. Il doit présenter les derniers résultats de ses analyses sur l'effet d'un médicament sur un échantillon de la population. Cette présentation est source importante de stress. Il a en effet peur... de pas mal de choses.
> - D'abord, de la qualité de sa prestation : il craint de bafouiller, de rougir, de bégayer, de transpirer ou de trembler. Les gens se rendront compte qu'il n'est pas à l'aise et qu'il n'a rien à faire ici. Il sera sûrement le sujet de moqueries et ils préféreront certainement que quelqu'un d'autre le fasse à sa place.
> - De plus, Alain s'inquiète de la qualité du contenu de sa présentation : les informations qu'il va transmettre seront-elles à la hauteur des attentes de l'auditoire ? À quel point risquent-ils d'être déçus des résultats qu'il va présenter ? Quelles erreurs l'assistance pourra-t-elle relever ? Qui sera le premier à le pointer du doigt en criant « imposteur ! » ?
> - Enfin, il anticipe de manière très négative les questions qu'on va pouvoir lui poser : saura-t-il répondre ? Et s'il y avait un élément perturbateur dans l'assemblée ? Si tout le monde se rendait compte qu'il ne connaissait pas son sujet et que tout cela n'était qu'une mascarade ?
>
> Son stress est très élevé avant sa présentation.

Isabelle et son entretien de recrutement

Isabelle a rendez-vous pour un entretien dans une entreprise de conseil en ressources humaines. Avant de se présenter à l'accueil, elle prend un temps pour réfléchir au déroulement de cet entretien. Elle prend une grande inspiration et analyse plusieurs points :
- Elle a jusque-là réalisé avec succès les différentes étapes du recrutement. Son CV a été intéressant, tout comme sa lettre de motivation. Sinon elle n'en serait pas là. Les recruteurs sont donc **intéressés** par son profil et sont là pour l'écouter et échanger avec elle.
- Elle a les compétences requises pour le poste. Elle y a longuement réfléchi avant de postuler pour être certaine que l'emploi proposé lui corresponde (voir chapitre 6). L'objectif de cet entretien est ainsi de pouvoir **approfondir** davantage ce qu'elle a pu décrire dans sa candidature.
- Bien qu'elle doute encore d'elle-même, Isabelle cherche des preuves objectives qui témoignent qu'elle mérite bien cette situation. Les recruteurs l'ont contactée, ils ont donc une opinion positive ; elle a dans son dossier une lettre de recommandation de son ancien supérieur, elle a donc des compétences ; de nombreux collègues ont pu la féliciter sur la qualité de son travail le jour du pot de départ.

Malgré son stress (oui, il y a toujours un peu de stress), Isabelle est néanmoins plus sereine qu'Alain pour son entretien. D'ailleurs, elle y va confiante et calme.

La différence entre Alain et Isabelle se situe essentiellement dans l'interprétation et l'anticipation de la situation stressante. C'est ce que nous appelons le « recadrage positif » : transformer notre représentation négative de l'événement en représentation plus positive en alliant :

✓ le plaisir qui peut être ressenti lors de cette activité ;

✓ et les attentes objectives des personnes rencontrées.

C'est une première recherche de preuves objectives.

Réalisons ce recadrage sur l'exemple d'Alain.

Le recadrage positif d'Alain

Alain s'inquiète d'abord de la qualité de sa présentation (bégaiement, rougissement, transpiration, tremblements) du fait du stress. Il craint d'être ridiculisé et accusé d'incompétence.
Quel plaisir peut-il ressentir dans cette activité ?
- Il aime parler en public, échanger avec l'auditoire, faire preuve d'humour, amener des rebondissements.
- Il est heureux de pouvoir présenter ces résultats qui pourront sans conteste faire avancer le domaine de la pharmacologie.
- Il connaît très bien son sujet et n'a pratiquement pas besoin de poser les yeux sur ses notes, ce qui lui permet de se concentrer sur son non-verbal (débit de parole, gestuelle, posture, volume sonore, regard).

Alain s'inquiète de la qualité du contenu de sa présentation.
Quelles sont les attentes de l'auditoire ?
- Si l'auditoire est là, c'est qu'il est intéressé par sa présentation. Sinon personne ne viendrait...
- La plupart des gens sont plutôt bienveillants face à quelqu'un qui intervient en public. Effectivement, ce n'est pas toujours une tâche facile.

Alain craint les questions ou un éventuel élément perturbateur.
Quel plaisir pour lui et quelles attentes pour les autres ?
- Les éléments perturbateurs sont généralement très mal perçus par l'assistance...
- S'il ne connaît pas la réponse, rien ne l'empêche de le dire. Rares sont les personnes qui connaissent tout sur le bout des doigts. Il peut même questionner l'assistance et remercier un éventuel intervenant pour sa réponse.

Alain est encore un peu stressé mais ce stress a diminué, et il peut s'engager dans sa présentation plus confiant.

Cet exercice est fort utile. C'est une gymnastique intellectuelle qui permet de relativiser le côté menaçant d'une situation et de s'engager plus sereinement dans l'action. Cette réévaluation positive est l'un des meilleurs moyens pour favoriser la maîtrise de soi.

Nous vous proposons une trame pour effectuer ce recadrage par vous-même sur une situation donnée.

> **Mon recadrage positif**
>
> → **Consigne**. Dans le tableau suivant :
> - Notez dans la première colonne la situation pouvant vous apporter de l'anxiété, l'activité à réaliser, le plus précisément possible. Positionnez-vous de 0 à 10, 10 étant l'anxiété maximale pouvant être ressentie.
> - Indiquez dans la colonne suivante la ou les pensées stressantes. Vous pouvez toutes les passer en revue, cela nécessite de bien prendre son temps. Elles peuvent rejoindre celles que vous avez notées en début de ce chapitre.
> - Réfléchissez dans la troisième colonne aux manières de pouvoir relativiser ces pensées stressantes en orientant vos réflexions sur :
> - le plaisir que vous pouvez ressentir dans l'activité ;
> - les attentes objectives des autres.
> - Enfin, dans la dernière colonne, notez à nouveau le niveau d'anxiété ou de stress que vous ressentez. Bien entendu, l'objectif n'est pas d'arriver à 0, mais de diminuer votre ressenti d'anxiété de façon à être plus confiant(e).
>
> → **Durée**. Quelques minutes.
>
> → **Objectifs**
> - Adopter un nouveau point de vue pour surmonter la représentation initiale amenée par le syndrome de l'imposteur.
> - Mesurer et diminuer l'anxiété ressentie.

Mon recadrage positif

Ma situation :			
Mon stress (de 0 à 10)	**Ma pensée stressante**	**Ma pensée recadrée**	**Mon stress (de 0 à 10)**
	–	–	
	–	–	
	–	–	
	–	–	
	–	–	

Les bienfaits des forces de caractère (1)

Dans le chapitre 5, nous avons décrit les forces de caractère (Seligman, 2013). Vous pouvez vous y référer pour consulter la liste.

Ces forces permettent, elles aussi, de se centrer sur ses ressources individuelles pour s'engager dans une activité sans être nécessairement tourné sur la performance ou le regard des autres. Cela permet ainsi de diminuer l'anxiété.

Par exemple, l'une des forces de caractère d'Alain est la créativité, cela rejoint le fait qu'il aime amener des rebondissements dans ses présentations, trouver des idées et façons originales d'amener les choses ou, même, de nouvelles manières de répondre aux questions dérangeantes.

Entre la première pensée, «je ne dois absolument pas échouer», et la seconde, «je suis certes stressé (la situation est stressante) mais je vais pouvoir utiliser toute ma créativité dans cette expérience pour me faire plaisir», le degré de stress n'est évidemment pas le même. Les enjeux non plus. Et peut-être même les résultats.

> Il est possible d'orienter l'expression de ses forces de caractère dans une réalisation pour en retirer du plaisir et de la satisfaction.
> Le site du *VIA Institute on Character* vous fournira de multiples informations à ce sujet.

Anticiper la réussite

La notion de réussite est tout à fait relative. Deux personnes pourront percevoir un même succès de manière différente en fonction de leurs critères respectifs... et subjectifs. Quand on est atteint du syndrome de l'imposteur, il est non seulement difficile de pouvoir envisager de réussir une nouvelle fois (malgré les preuves objectives passées), mais il est relativement simple de dénigrer son succès (autocritique, insatisfaction). De plus, la notion de réussite s'établit sur un continuum (et non pas sur des critères de « tout ou rien ») avec, d'un côté, l'échec (0 % de résultats satisfaisants ou positifs) et, de l'autre, le succès (100 % de résultats satisfaisants ou positifs) (voir chapitre 4).

Nous vous proposons maintenant un outil pour décrire ce qui, selon vous, ferait que la tâche à réaliser serait une réussite. Cet exercice constitue à la fois une aide pour orienter vos actions (en fonction de vos critères, des comportements et des moyens différents seront à favoriser) mais aussi pour identifier les éléments ou critères les plus importants pour vous.

> **Mes critères de réussite**
>
> → **Consigne**. Dans le schéma présenté dans votre cahier d'exercice :
> - Écrivez en bas vos critères de réussite.
> - Identifiez les éléments les plus importants pour vous afin d'orienter vos actions et vos comportements.
> - Vous pourrez de nouveau vous référer à cet outil après votre réalisation.
>
> → **Durée**. Quelques minutes.

> **Objectifs**
> → Définir ses critères de réussite.
> → Envisager une réussite en fonction de différents éléments pour éviter la notion de « tout ou rien » prégnante dans le syndrome de l'imposteur.
> → Orienter ses comportements.

Nous vous proposons l'exemple de Carla qui nous a décrit son cycle de l'imposteur en début de ce chapitre. Pour elle, la réussite de son reportage concerne certains points (qui, d'ailleurs, sont différents des points importants de ses collègues). Elle apprécie que les témoignages des personnes qu'elle interroge soient clairs, concis, constructifs et utiles pour les téléspectateurs. Elle prépare ainsi bien ses questions en amont tout comme les personnes interviewées. Le reportage en lui-même doit fournir des informations pertinentes et pratiques, Carla cherche donc à connaître les questionnements et les attentes des internautes sur le sujet traité. De plus, elle adore fournir des éléments de mesure, des données, des sondages, des résultats de recherche pour appuyer ses reportages afin de donner une touche plus « scientifique » et « sérieuse ». Pour Carla, les informations doivent aussi se succéder à rythme dynamique sans pour autant perdre le téléspectateur dans sa rapidité. Elle apprécie aussi proposer des solutions à la fin de ses reportages, issues des témoignages, des interviews et de ses recherches, afin d'ouvrir enfin sur une question plus large qu'il pourrait être intéressant de traiter par la suite.

Au regard de ces éléments importants pour elle, Carla a pu noter ses critères de réussite qu'elle pourra mesurer à la fin de son reportage.

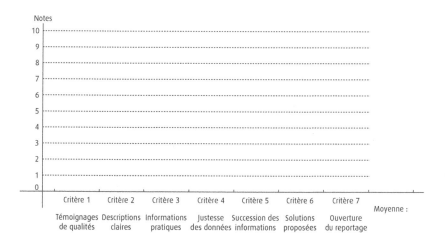

Nous nous référerons à cet outil plus loin dans ce chapitre afin de mesurer plus justement votre degré de réussite au-delà du filtre du syndrome. La trame est disponible dans votre cahier d'accompagnement.

Mais si j'abandonne le cycle... que se passe-t-il ?

Le souci avec le cycle de l'imposteur, c'est qu'en fonction de notre apprentissage et par habitude, nous ne nous rendons plus forcément compte des actions ou des comportements que nous mettons en place. Nous sommes persuadés qu'adopter des stratégies différentes conduirait à l'échec. Peut-être vous interrogez-vous :

1. Si le cycle fonctionne et donne des résultats probants, pourquoi le changer ?
2. Et si je change quoi que ce soit, quelle garantie ai-je de réussir quand même ?

Voilà ce que nous pouvons vous répondre :
1. Certes, le cycle fonctionne, mais à y regarder de plus près, il n'est pas vraiment fonctionnel. Le stress ressenti, à l'annonce de la tâche à réaliser puis dans la procrastination ou le travail

frénétique qui s'ensuivent, peut être invivable. De plus, une fois ce cycle installé, nous avons tendance à croire que la réussite de n'importe quelle autre tâche fera naître autant d'anxiété. Réussite ne rime alors plus du tout avec satisfaction mais avec anxiété ! À l'aide des exercices ci-dessus, nous vous proposons de commencer à briser ce cycle pour adopter des comportements plus vertueux.

2. Nous n'avons aucune garantie que le résultat sera, en soi, une réussite. Les superstitions que nous adoptons concernant notre réussite (« je dois en passer par là pour mériter mon succès », « si je ne fais pas tout ça, je ne réussirai pas car ça a fonctionné la dernière fois et ça fonctionnera toujours ») sont tenaces. Peut-être même ces superstitions s'avéreront-elles vraies... mais nous en doutons, car les outils sont justement pensés pour atteindre un objectif, et ce dans de meilleures circonstances.

Si vous observez une peur de l'échec au moment de rompre le cycle de l'imposteur (ou de la réussite, qui sait !), n'hésitez pas (re)lire le chapitre 4 pour travailler ce point ou le consolider.

Quel bilan faites-vous de ces exercices ?

....
....
....
....
....

Pendant le cycle : gérer les comportements à problèmes

La construction d'un objectif SMART

Nous parlerons ici principalement des comportements de **procrastination** et de **préparation excessive**, deux comportements qui peuvent être prévalents dans le syndrome de l'imposteur.

L'idée n'est pas bien entendu de faire une présentation exhaustive de ces notions ni de toutes les méthodes pouvant aider à les surmonter. Nous nous centrerons sur quelques outils, les plus pertinents au regard de la problématique du syndrome de l'imposteur.

Pour gérer votre anxiété et améliorer les stratégies de travail (pas toujours adaptées ou efficaces) que vous mettez en place, vous pouvez obtenir le plus d'informations possible quant à la tâche à réaliser (contenu, date de rendu, mise en forme, plan, critères d'évaluations, etc.). En effet, les personnes présentant le syndrome de l'imposteur ont tendance à percevoir les situations de manière plus **stressantes** mais aussi plus **imprévisibles** ou **ambiguës** que les autres. Young (2011) propose quelques conseils :

> → Fixez-vous un but modeste pour vous confronter à vos craintes et hiérarchisez-le en deux ou trois étapes pour l'atteindre à un rythme raisonnable.
> → Soyez sélectif dans les grands projets que vous allez mener de front et donnez-vous la permission d'avoir occasionnellement des jours de repos.

Ainsi, pour éviter d'enclencher le cycle de l'imposteur par des comportements inadaptés, nous vous conseillons de lister les activités à réaliser. Cela peut paraître simple mais a une grande utilité (rappelez-vous de Gabrielle, 10 ans…). De plus, afin de rendre un objectif plus accessible, il est judicieux de noter les étapes qui permettent de l'atteindre. Cela permet de se rendre compte de l'évolution du processus, ce qui maintient la motivation lors de la réalisation.

Enfin, nous proposons de :

- ✓ bien hiérarchiser les tâches, étapes et sous-étapes de l'activité, par ordre d'importance ;
- ✓ définir un temps adéquat à accorder à une tâche ou une étape de la tâche.

Atteindre mon objectif

→ **Consigne.** Avant de commencer une tâche, dans le tableau suivant :
- Notez dans la première colonne toutes les étapes qui vous paraissent importantes à réaliser pour atteindre votre objectif. N'en omettez aucune, vous pourrez barrer celles qui ne vous semblent finalement pas pertinentes après coup.
- Dans la deuxième colonne, indiquez le degré d'importance de chacune des étapes (de 0 à 10, 10 étant le degré le plus important).
- Enfin, notez dans la dernière colonne le temps à accorder à la tâche.

→ **Durée.** Quelques minutes.

Objectifs
→ Avoir un objectif précis et clairement défini.
→ Rendre un but plus accessible en listant les étapes permettant d'y arriver.
→ Pouvoir hiérarchiser ses priorités.
→ Réajuster en fonction des imprévus l'importance des étapes.

Atteindre mon objectif

Les étapes	Importance (de 0 à 10)	Temps à accorder
1)		

Les étapes	Importance (de 0 à 10)	Temps à accorder
2)		
3)		
4)		
5)		
6)		
7)		
8)		
9)		
10)		

D'autres outils

D'autres méthodes ou techniques peuvent aider à déjouer la procrastination ou la préparation excessive liées au syndrome de l'imposteur. Nous vous renvoyons aux outils d'affirmation de soi pour cela (Fanget, 2011). Notamment, vous pouvez envisager de :

→ demander de l'aide lorsque vous le jugez nécessaire ou observer que vous ne pouvez pas tout gérer seul(e) – ce sont en effet des choses qui arrivent à tout le monde ;

→ dire non aux nouvelles demandes de votre entourage si vous êtes déjà bien occupé(e) – cela arrive aussi à tout le monde.

Si cela vous semble trop difficile, vous pouvez aussi consulter l'ouvrage de Fanget, *Affirmez-vous ! Pour mieux vivre avec les autres.*
→ Vous pouvez reconnaître que vous avez autant le droit que les autres d'avoir tort, de faire des erreurs ou d'avoir besoin de soutien. Une aide extérieure permet d'obtenir d'autres points de vue et d'apprendre d'une expérience différente (Young, 2011).

Les bienfaits des forces de caractère (3)

Dans le chapitre 5, nous avons décrit et listé les forces de caractère (p. 143) (Seligman, 2013).

Ces forces peuvent être à nouveau très utiles pour relativiser certains blocages concernant la demande d'aide ou la formulation d'un refus. Vous vous direz par exemple :
→ « Si je demande de l'aide, cela prouvera que je suis incapable, incompétent(e), que j'ai des faiblesses, des lacunes... que je suis un imposteur. »
→ « Si je refuse quelque chose à quelqu'un, cette personne se dira que je ne sais pas faire ce qu'elle me demande, elle risque de me rejeter, cela prouvera que je suis incapable, incompétent(e), que j'ai des faiblesses, des lacunes... que je suis un imposteur. »

Adoptons un autre point de vue que ceux-ci, fondés sur une acceptation conditionnelle de soi (dépendante de l'image donnée, de la performance et de l'approbation). Pour favoriser l'acceptation inconditionnelle de soi, ainsi que pour relativiser certaines pensées bloquantes au moment de formuler une demande ou un refus, il peut être judicieux de rappeler ses forces de caractères ou ses valeurs individuelles.

Reprenons l'exemple d'Alain et de sa présentation. Les forces de caractère d'Alain sont :

1. la créativité ;
2. l'amour de la beauté ;
3. la curiosité ;
4. l'intérêt pour l'apprentissage ;

5. l'humour.

→ Le fait de formuler une demande d'aide est-il vraiment la preuve d'une imposture ? Ou plutôt le reflet de sa curiosité (« Je suis curieux de savoir comment tu t'y prendrais, toi », « je suis curieux de voir tes méthodes ») et de son amour de l'apprentissage (« J'aimerais apprendre de ton enseignement ») ?

→ Le fait de formuler un refus est-il vraiment la preuve d'une imposture ? Ou peut-il utiliser l'humour en mettant, par exemple, en avant son amour de la beauté et de l'harmonie (« Ah, je regrette mais tu me connais, j'aime que les choses soient bien faites et si je dois me concentrer sur ma présentation pour qu'elle soit MAGNIFIQUE, je vais devoir refuser ») ?

Reprenons l'exemple de Suzanne et de ses valeurs dans le chapitre 5. Les valeurs de Suzanne sont :

1. la résolution de problème ;
2. le challenge ;
3. l'autonomie (mais pas l'indépendance) ;
4. la créativité ;
5. l'amour.

→ Le fait de formuler une demande d'aide ou un refus est-il vraiment preuve d'une imposture ? Ou plutôt un challenge à dépasser, signe de sa volonté de résoudre les problèmes et de sa créativité (« C'est difficile pour moi de te demander ça, je prends sur moi, mais j'ai ce gros problème à résoudre et tu connais ma détermination pour ce genre de chose, peux-tu m'aider ? » « Je suis déjà à fond dans ce problème-là à résoudre, j'ai toute ma créativité à mettre dans ce projet, je me dois de refuser ta demande ») ?

En réalité, formuler une demande ou un refus correspond à la mise en place d'autres **capacités, compétences, qualités** : des **forces ou des valeurs**, et non à l'expression de faiblesses ou de lacunes.

En réalité, grâce aux exercices précédents, vous déterminez peu à peu un objectif spécifique, mesurable, accessible, réalisable et temporellement défini concernant l'activité à réaliser. C'est ce que nous appelons un objectif SMART, méthode élaborée par Peter Drucker.

Un objectif SMART

Il s'agit d'un objectif :
S : **S**pécifique, précis (le plus possible).
M : **M**esurable dans le temps (quelles étapes ?).
A : **A**tteignable, acceptable, accepté (ai-je toutes les informations ?).
R : **R**éalisable, raisonnable (est-ce quelque chose que j'ai déjà réalisé ?).
T : **T**emporellement défini (dans combien de temps, et ce pour chaque étape ?).

L'objectif SMART d'Alain : sa présentation

Lorsqu'Alain a accepté de réaliser sa présentation lors d'une conférence en pharmacologie, il était en réalité bien loin d'avoir un objectif SMART. Tant et si bien que, confronté à son sentiment d'incapacité et aux regards des autres, il s'est retrouvé dans un état de stress intense avant sa présentation. Alain aurait pu se fixer l'objectif suivant : « terminer ma présentation pour cette date », mais celui-ci ne rend toujours pas compte d'un objectif SMART. Cet objectif reste vague. En y réfléchissant, Alain peut se rendre compte que pour accomplir son objectif « terminer sa présentation », il doit d'abord préparer son plan, établir ses diapositives et s'entraîner. L'objectif initial se déclinera alors en plusieurs sous-étapes, permettant de noter l'évolution du projet et de réajuster les priorités en cas de retard.

Mais Alain peut aussi établir un objectif SMART, afin de surmonter ses sentiments de perte de contrôle. Son objectif SMART serait :

S : Ma présentation doit être terminée et préparée pour cette date – avec une ou deux journées pour me changer les idées.
M : Je dois :
  – Faire le plan de ma présentation.
  – Faire le texte des diapositives.
  – Mettre les images, les animations sur le Powerpoint.

- Écrire le texte de ma présentation (avec de l'humour et des rebondissements).
- M'entraîner plusieurs fois pour être à l'aise (compétences verbales et non verbales).
- Réfléchir aux questions qui pourront être éventuellement posées.

A : Je connais l'enjeu de cette présentation et les éléments de la recherche ou des résultats. J'aime parler en public, échanger avec l'auditoire, faire preuve d'humour, amener des rebondissements (ma présentation est d'ailleurs élaborée autour de ces notions). Je suis heureux de pouvoir présenter ces résultats qui pourront sans conteste faire avancer le domaine de la pharmacologie. Je connais très bien mon sujet et je n'ai pratiquement pas besoin de poser les yeux sur mes notes, ce qui me permet de me concentrer sur le non-verbal (débit de parole, gestuelle, posture, volume sonore, regard). Je les ai tout de même à disposition en cas de besoin.

R : J'ai déjà pu réaliser des présentations de ce type dans le passé :
- présentations devant le conseil de mon entreprise ;
- présentations lors de rencontres associatives ;
- présences à différents meetings ou différentes conférences.

T : Je mets un temps défini pour chaque étape de cette réalisation. La présentation doit être prête pour une date précise.

Pourquoi un objectif SMART ?

→ Diviser l'objectif en étapes permet de nous rendre compte de l'ampleur de la tâche à réaliser. Pour certaines personnes, cela peut être anxiogène mais, si nous y réfléchissons, le fait **qu'une seule tâche** nécessite **un nombre important d'étapes** – que vous aviez certainement envisagé faire d'un seul coup et dans un délai très court et nécessairement impossible à respecter – montre que votre objectif était peut-être déjà en soi **irréalisable et inaccessible** directement. Identifier les étapes nous permet de le rendre non seulement plus accessible mais aussi de surmonter nos tendances aux défis irréalisables dans notre syndrome de

> l'imposteur et notre déception de ne pas les avoir réalisés rapidement (alors que c'est vraisemblablement impossible). Repensez-y…
> → Le fait d'observer que nous réalisons les étapes petit à petit cultive et maintient **la motivation à continuer**.

Avez-vous pensé à utiliser **vos forces de caractère** lors de cet exercice et des différentes étapes de l'objectif SMART ? Sinon rendez-vous au chapitre 5 !

Une fiche détaillée de l'élaboration d'un objectif SMART est présentée dans le cahier d'exercices à la fin de ce chapitre. Vous verrez que cette fiche peut ainsi être réalisée en complémentarité des chapitres et exercices précédents.

Quel bilan faites-vous de ces exercices ?
....
....
....
....
....

Pensez à vous relaxer !

À partir du moment où une personne souffrant du syndrome de l'imposteur commence à trouver des solutions pour remédier à son problème, nous savons qu'elle s'impliquera à fond. C'est son côté perfectionniste qui l'aide à surmonter les obstacles. Nous avons déjà vu que certains comportements sont adoptés par ces personnes, mais que d'autres, qui peuvent cependant être très utiles, ne font pas partie de leur répertoire.

Un bon exemple des activités oubliées par les personnes souffrant du syndrome de l'imposteur, c'est la relaxation. Nous avons parfois oublié de (ou n'avons jamais su) nous détendre. Lors d'une activité, et notamment lors de sa préparation frénétique, les actions et les comportements peuvent s'enchaîner à un tel rythme que le stress, l'anxiété et des tensions diverses s'accumulent et ne sont pas observés, acceptés ou gérés. Résultat ? Nous sommes exténués.

Adoptez donc une nouvelle habitude : la relaxation !

Je me relaxe

→ **Consigne**. Prenez un temps, pendant votre activité, ou mettez une alarme sur votre téléphone pour vous relaxer à intervalles réguliers.
- Vous pouvez vous isoler ou fermer les yeux.
- Poser la main sur votre bas-ventre pour favoriser une respiration abdominale, qui amène la détente, et sentir le gonflement et le dégonflement du ventre, comme un ballon qui se gonfle et se dégonfle lentement.
- Inspirez lentement par le nez.
- Expirez lentement par la bouche, sans forcer ni amener de sensations désagréables.
- Répéter ces gestes.

→ **Durée**. 5 minutes.

Amusez-vous...

Si les personnes souffrant du syndrome de l'imposteur n'arrivent pas à se détendre, elles ont encore plus de mal à s'amuser. Dans ses travaux sur les personnes épanouies qui vivent « sans réserve », Brené Brown a remarqué que la capacité à s'amuser est très importante. Martin Seligman a évoqué la notion d'« engagement » et Albert Ellis l'importance d'activités « vitales, enrichissantes et passionnantes ». Ces trois auteurs ont compris que les activités qui nous apportent de la vitalité sont essentielles à intégrer dans nos répertoires de comportements.

Pourtant, ces activités ne sont pas forcément liées à notre vie professionnelle ou familiale. Il s'agit surtout d'activités qui sont qualifiées de « loisirs » ou de *hobbies*. Il est souvent difficile pour les personnes souffrant du syndrome de l'imposteur de s'autoriser à participer à de telles activités car, pour elles, ces activités n'ont pas un objectif clair. Stuart Brown, un chercheur qui s'est spécialisé dans le « jeu » et son importance pour l'être humain, propose sept qualités inhérentes à ces activités qui nous amusent :

1. Elles sont sans objectif.
2. Elles sont volontaires, autrement dit « on a envie de les faire ».
3. Elles nous attirent, sans aucune explication parfois.
4. Elles peuvent être faites sur des échelles de temps variables (quelques minutes à quelques heures).
5. Elles dirigent notre attention ailleurs, surtout à l'extérieur de nous-mêmes.
6. Elles ont un potentiel d'improvisation – elles nous permettent de nous ouvrir à la sérendipité.
7. Elles nous donnent envie de continuer à les faire, elles sont très satisfaisantes.

Il est parfois difficile d'identifier qu'elles sont ses activités car peut-être ne les avez-vous pas pratiquées beaucoup ou depuis un moment. Nous vous proposons dès à présent de retrouver, ou de trouver, des activités passionnantes, pour vous donner un nouveau répertoire et des moyens de favoriser ces autres comportements.

Des activités passionnantes pour moi

→ **Consigne**. Quelles sont les activités que vous aimez ou que vous aimeriez faire ? Remplissez le tableau suivant en indiquant, dans la colonne du milieu :
– L'activité : active (dessin, théâtre, chant) ou passive (lecture).

- Depuis combien de temps vous la réalisez (à quel âge avez-vous commencé ?).
- Combien de temps s'est passé depuis la dernière fois (la dernière fois, c'était quand ?).
- Si elle incombe un coût éventuel pour la réaliser ou la reprendre (ai-je le matériel, le contexte pour le faire ?).
- Quels sont les moyens que vous pourriez mettre en œuvre pour la réaliser (si vous n'avez pas la possibilité de la faire en ce moment, quelles sont les conditions pour la faire ou la reprendre – achat de crayons pour le dessin, retrouver ses patins pour faire du roller, etc.).
- Les raisons pour lesquelles vous ne la feriez pas (que dites-vous pour éviter de faire ces activités… ? C'est important, l'exercice suivant vous aidera à dépasser ces croyances négatives).

Si vous avez du mal à en trouver, commencez par les activités que vous avez faites entre l'âge de 10 et 18 ans, ce sont souvent des activités ludiques et agréables.

Ne vous « enfermez » pas – si vous ne voulez pas reprendre une activité ancienne, cherchez-en une nouvelle ! Sans hésiter, encore une fois, ne vous imposez pas de limites, au moins pour l'instant !

Dans la dernière colonne, cochez alors les qualités de cette activité selon les travaux de Stuart Brown pour vous rendre compte de son potentiel plaisir.

→ **Durée**. Quelques minutes.
→ **Objectifs**
- Identifier une activité « passionnante » qui pourrait vous donner de l'énergie.
- Identifier pourquoi vous ne faites pas, ou pas assez régulièrement, cette activité.

Des activités passionnantes pour moi

Mon activité	-	Cochez les qualités de cette activité selon les travaux de Stuart Brown
Je la pratique depuis quand ? Combien d'années, de mois ?	-	☐ Sans objectif. ☐ Je la ferai volontiers, j'en ai envie.
La dernière fois que je l'ai faite, cela remonte à quand ?	-	☐ C'est une activité que j'adore, et je ne suis même pas certain de savoir pourquoi.
Si je veux la faire, est-ce que cela peut représenter un coût pour moi, surtout matériel (achat d'équipement, recherche de cours) ?	-	☐ Je peux faire cette activité pendant des heures, ou autant de temps que je veux une fois lancé(e).
Si je la reprends (ou je la fais), que dois-je faire, concrètement pour y arriver (faire une liste) ?	-	☐ Quand je fais cette activité, j'oublie le reste, je suis vraiment « dans » cette activité, parfois je ne vois pas le temps passer.
Pourquoi ne ferais-je pas cette activité, qu'est-ce que je me dis pour ne pas la faire ?	-	☐ Quand je fais cette activité, je remarque que j'élabore des idées inattendues, sur l'activité elle-même ou sur un autre aspect de ma vie ; je découvre beaucoup. ☐ J'ai très envie de faire cette activité et parfois je n'ai pas envie de m'arrêter.

Maintenant, regardez ce que vous avez trouvé.

- ✓ Cette activité vous apporte-t-elle beaucoup ? Les cases cochées dans la troisième colonne pourraient vous renseigner sur cela – plus vous avez coché de cases, plus cette activité pourrait vous procurer du plaisir.
- ✓ Cette activité serait-elle difficile à mettre en œuvre, en termes logistiques et matériels ? Plus vous avez ce genre d'obstacles, plus vous aurez du mal à la réaliser. Il faut commencer par attaquer ces obstacles simples.

✓ Puis, considérez la dernière case de la deuxième colonne, que dites-vous qui vous empêche de faire ces activités ? Les personnes souffrant du syndrome de l'imposteur trouvent souvent des raisons pour ne pas les faire :

> « Je n'ai pas le temps ! J'ai trop de travail ! »
> « Je ne peux pas me permettre de faire de telles activités "inutiles" qui représenteraient une "perte de temps" pour moi. »
> « Ce n'est pas "sérieux" de faire du roller/couture/scrapbooking, c'est absurde de passer mon temps ainsi ! »
> « Si je fais ces activités, je n'aurai pas assez du temps pour le reste. »
> « Les autres vont me trouver trop hédoniste si je fais de la danse/la cuisine/la guitare. »

En effet, les gens qui souffrent du syndrome de l'imposteur trouvent toujours de très bonnes raisons pour ne pas se faire plaisir. Pourtant, si nous vous invitons à intégrer de telles activités dans votre vie, c'est pour de vraies bonnes raisons (avec des apports scientifiques pour nous soutenir !).

Même si nous pensons que ces activités n'ont pas de réelle valeur, c'est loin d'être le cas. En dehors du fait qu'elles puissent nous amuser, il se trouve que les chercheurs ont identifié que le cerveau a besoin de ces activités. Quand on joue, les images IRMf montre que l'activité cérébrale rentre dans une autre phase, une phase :

✓ qui semble détendre et déstresser l'individu ;
✓ mais qui démontre pourtant une activité importante dans les centres où nous ressentons le plaisir.

Les chercheurs appellent cet état le « flux cognitif » (*cognitive flow*, en anglais). Il se trouve que le flux cognitif laisse reposer les autres aires cérébrales et nous donne de l'énergie physiologique et psychologique.

Ainsi, au lieu de « saper » notre énergie et de nous « divertir » des activités plus « importantes », ces activités sont *essentielles* pour notre bien-être. Autrement dit, si nous participons à ces activités, nous trouvons plus d'énergie pour les autres activités (travail, famille). C'est un paradoxe intéressant.

Il faut donc remettre en question les raisons pour lesquelles vous ne voulez pas faire ces activités. Reprenez les raisons que vous avez données dans l'exercice précédent et essayer de trouver des arguments contre ces mêmes raisons.

Nina et les activités passionnantes

Nina, 19 ans et scolarisée dans un cours préparatoire très difficile, n'a pas le temps pour faire autre chose que ses études. Avec un niveau élevé de perfectionnisme et une peur importante de l'échec, Nina présente beaucoup de qualités du syndrome de l'imposteur. Elle consulte pour faire face au grand stress qu'elle ressent au quotidien : fatigue, envie de tout arrêter, légère dépression. Elle passe tout son temps à étudier, réviser ses cours et se préparer pour le concours. Nina manque de vitalité. À la fin de sa première séance, nous lui proposons de faire une activité divertissante. Au début, Nina n'est pas d'accord mais nous avons insisté. Elle a fini par annoncer qu'elle ferait du shopping avec sa mère, avec qui elle entretient une relation positive, pendant 2 heures le samedi suivant. La semaine suivante en consultation, après cette séance de shopping, Nina nous a confié qu'elle avait été très surprise d'avoir été « pleine d'énergie et plus efficace » dans son travail après le shopping.

Objectifs
→ Remettre en question les raisons pour lesquelles vous ne faites pas d'activité ludique.
→ Vous motiver pour entreprendre cette activité prochainement.

Activité :		
Pourquoi ne ferais-je pas cette activité ? Qu'est-ce que je me dis pour ne pas la faire ?	**Ce que je me dis contre cette activité**	**Ce que je pourrais dire pour m'encourager à le faire**

Par exemple, si Nina avait fait cet exercice, voici les réponses qu'elle aurait pu donner :

Activité : shopping avec ma mère.		
Pourquoi ne ferais-je pas cette activité ? Qu'est-ce que je me dis pour ne pas la faire ?	**Ce que je me dis contre cette activité**	**Ce que je pourrais dire pour m'encourager à le faire**
	Je n'ai pas le temps.	J'ai tellement de travail, je n'aurai jamais assez de temps pour tout faire, il vaut mieux que je me divertisse autrement pour me reposer.
	C'est inutile.	Même si cela n'a pas trop d'objectif précis, je sais que cela m'apporterait beaucoup.
	On va se moquer de moi car je ne suis pas « sérieuse ».	Je suis sérieuse, je le sais. Je peux me permettre de faire du shopping et ne pas m'inquiéter sur ce que les autres pensent de moi.

Même s'il est peut-être difficile de trouver de bonnes raisons pour vous laisser aller au divertissement, nous vous encourageons vivement à les chercher. Imaginez qu'un professionnel de santé vous y oblige, un peu comme un médecin qui vous oblige à prendre un médicament. Les activités passionnantes sont importantes non seulement à court terme, mais aussi à long terme pour votre épanouissement.

Dites-vous que c'est une question vitale, et continuez à vivre vos passions. Vous en verrez les bienfaits très rapidement. D'ailleurs, essayez !

Mes moments de détente et d'activités de loisirs

→ **Consigne**. Dans le tableau suivant :
- Indiquez dans la première colonne l'activité de détente ou de loisir que vous effectuez.
- Dans la deuxième colonne, notez le temps investi.
- Écrivez, dans la troisième colonne, son acceptabilité, sa faisabilité, sur une échelle de 0 (« c'est très, voire trop difficile ») à 10 (« c'est très facile à entreprendre, génial ! »).
- Enfin, dans la dernière colonne, notez l'amélioration de votre efficacité lorsque vous retournez à votre tâche principale, de 0 (« je ne suis pas du tout efficace, et certainement pas plus efficace qu'avant mon activité loisir ») à 10 (« c'est vrai que je suis beaucoup plus efficace »).

→ **Durée**. Quelques minutes (pour cet exercice, mais tout dépend vraisemblablement de votre activité loisir).

Mes moments de détente et d'activités de loisirs

Activité	Temps investi	Acceptabilité/ facilité d'entreprendre 0 = Difficile 10 = Facile	Amélioration de mon efficacité par la suite 0 = pas d'amélioration 10 = beaucoup d'amélioration

> **Quel bilan faites-vous de ces exercices ?**
> ....
> ....
> ....
> ....
> ....

Après le cycle : ne plus se dévaloriser

À la fin du cycle de l'imposteur, vous avez pu constater ce que nous appelons :

- ✓ un processus d'attribution (« à quoi est dû mon succès ? qu'est-ce qui l'explique ? ») ;
- ✓ et un dénigrement des compétences (« ce que j'ai fait n'est pas si bien que ça... »).

> « J'ai eu de la **chance** de réussir en dépit de ma procrastination. »
> « Si j'ai réussi, c'est surtout parce que j'ai dû fournir un **effort** important, ce qui ne témoigne pas de mon intelligence ou de mes compétences. Sinon j'aurai pu faire cela plus facilement. »
> « Je ne dis **rien**, je fais comme si de rien n'était ou je minimise mon travail devant les autres lorsque l'on me fait des retours positifs. »

Nous allons donc pouvoir travailler sur ces points.

Les éléments de ce chapitre se réfèrent essentiellement à une tâche particulière à réaliser, et à votre interprétation de vos compétences ou de votre réussite au regard de cette tâche. Pour approfondir ces notions d'attribution ou de dénigrement, vous pouvez vous référer au chapitre 6 qui vous fournira d'autres outils complémentaires à utiliser.

Je suis (aussi !) la cause de mon succès

Vous l'avez compris (surtout si vous avez lu le chapitre 6), les personnes qui manifestent le syndrome de l'imposteur ont des difficultés à s'attribuer leur réussite et à accepter leurs qualités positives. Nous vous proposons maintenant d'identifier quel est le processus d'attribution que vous mettez en œuvre après la réalisation d'une tâche et ce, dans la continuité de la gestion du cycle de l'imposteur, afin de favoriser un meilleur processus d'attribution.

Cette notion d'attribution est importante dans le syndrome de l'imposteur car si nous avons des difficultés à nous considérer comme partie prenant dans notre réussite, nous pouvons très vite nous considérer comme des imposteurs.

Attribution responsable

→ **Consigne**. Dans le tableau suivant :
- Décrivez brièvement dans la première colonne la situation de succès que vous avez vécue.
- Ensuite, indiquez dans la deuxième colonne l'attribution que vous faites pour expliquer cette réussite – à quoi est dû votre succès dans cette situation ?
- Dans la troisième colonne, notez si votre attribution est interne (succès basé sur vous et vos compétences), externe (succès basé sur la situation, contexte, ou quelqu'un d'autre), ou les deux, en expliquant pourquoi.
- Si dans la troisième colonne votre attribution est externe, proposez une alternative pour pouvoir vous attribuer ce succès, au moins partiellement.

→ **Durée**. Quelques minutes.

Objectif
→ Approfondir l'auto-observation du syndrome de l'imposteur.
→ Améliorer son sentiment d'efficacité personnelle en passant par une meilleure attribution de ses succès.

Attribution responsable

Situation/ réussite	L'attribution : à quoi est dû ce succès ?	Est-ce que cette attribution est interne ? externe ? les deux ? Expliquez.	Si vous avez attribué votre succès à des causes externes, pourriez-vous faire une attribution alternative ?

Nous avons donc commencé à relativiser la représentation initiale que vous avez de votre succès en vous aidant à vous l'approprier davantage. Continuons dans cette voie.

Je mesure ma réussite

Les personnes qui manifestent le syndrome de l'imposteur ont tendance non seulement à **minimiser** leurs succès mais aussi à en être plus **insatisfaites** que les autres, puisqu'elles sont essentiellement centrées sur leurs erreurs, leurs difficultés, ce qu'elles ont manqué, ce qu'elles auraient pu mieux faire. Si ce ressenti est un processus normal, il peut être particulièrement intense dans le syndrome de l'imposteur. Or si la réussite est là, c'est qu'il doit bien y avoir des éléments objectifs qui en témoignent. Non ?

Il est temps de reprendre votre diagramme des critères de réussite (p. 255) et de vous y arrêter un moment.

Cessez de vous déprécier !

> ### Mes critères de réussite (suite)
>
> → **Consigne**. Dans votre diagramme de critères de réussite (p. 255) :
> - Mesurez précisément le degré de réussite pour chacun des critères que vous avez pu noter.
> - Calculez ensuite la moyenne de chacune des notes pour obtenir une note représentative de l'ensemble de ces critères.
>
> → **Durée**. Quelques minutes.
>
> **Objectifs**
> → Identifier les éléments constituant une réussite dans l'activité réalisée.
> → Mesurez objectivement différents critères d'une réussite.
> → Améliorer la satisfaction personnelle.
> → Relativiser la notion du « tout ou rien » dans la réussite.

Carla a pu constituer le diagramme suivant, selon les critères initialement répertoriés :

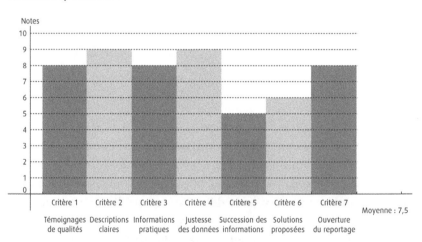

242

> ### Les bienfaits des forces de caractère (2)
>
> Dans le chapitre 5, nous avons décrit et listé les forces de caractère (p. 143). Ces forces peuvent être très utiles pour se détacher une nouvelle fois de la performance lors d'une tâche à réaliser. Prenons l'exemple d'Alain et de sa présentation. Les forces de caractère d'Alain sont :
> 1. la créativité,
> 2. l'appréciation de la beauté,
> 3. la curiosité,
> 4. l'amour de l'apprentissage
> 5. l'humour.
>
> Dans ces critères de réussite, il lui est tout à fait possible d'ajouter une, ou plusieurs, de ses forces pour axer davantage son acceptation inconditionnelle en se concentrant sur ses ressources.
>
> Car même s'il n'a pas pu répondre à une question lors de sa présentation (oui, cela lui est arrivé), il a été en mesure de faire preuve d'humour (l'assemblée a bien ri de sa blague sur son manque de connaissance sur une question précise) et d'intérêt pour l'apprentissage (en indiquant à son interlocuteur qu'il serait très intéressé pour approfondir la notion proposée). Cela n'en constitue pas véritablement un échec en tant que tel... ni une preuve d'imposture. Tout dépend du point de vue.
>
> Alors n'hésitez pas à inclure vos forces de caractère dans vos critères de réussite.

Mais... vous êtes insatisfait(e) de certaines actions, comportements ou certains résultats ? Cela est fréquent, surtout dans le syndrome de l'imposteur, mais essayons toutefois d'être **constructif** – et de ne pas rester juste sur l'idée parfois saugrenue que certaines choses sont mal faites. Faire un constat, c'est intéressant, proposer des solutions pour changer, c'est mieux.

Vous pouvez bien sûr essayer de récolter des **témoignages** auprès des personnes dont vous êtes proches pour vous aider dans cette enquête.

Mon insatisfaction constructive

→ **Consigne.**
- Indiquez précisément un comportement ou une action qui pourrait être mis en place ou amélioré pour la prochaine tâche à réaliser.
- Notez ensuite des idées d'amélioration et gardez précieusement ces idées lors de prochains projets pour vous y référer et pouvoir les mettre en place.
- Réfléchissez aux conséquences positives de la mise en place de ces actions alternatives.

→ **Durée.** Quelques minutes.

Objectifs
→ Identifier un comportement ou une action pouvant être amélioré sur le long terme.
→ Être constructif dans sa manière de s'observer.

Mon insatisfaction constructive

→ Ce qui pourrait être amélioré la prochaine fois :
- ....
- ....
- ....
- ....
- ....

→ Comment je peux l'améliorer (quelles actions mettre en place ?) :
- ....
- ....
- ....
- ....
- ....

→ Les conséquences positives de ces actions alternatives :
- ....
- ....
- ....
- ....
- ....

J'apprends à accepter ma réussite

Pour cela, il faut savoir recevoir les félicitations ou les marques de reconnaissances qui nous sont adressées. Ce n'est pas toujours facile, surtout dans le syndrome de l'imposteur, puisque les personnes pensent ne pas être à la hauteur et considèrent même qu'elles ne méritent pas ou non pas le droit d'obtenir de retours positifs. Pourtant, avec les exercices précédents, vous avez pu porter un nouveau regard sur votre réussite.

Comme vous commencez certainement à accepter vos réussites et votre part de responsabilités dans vos succès, il nous semble important de faire un point sur les retours que vous pouvez avoir de votre entourage. Ces fameux compliments...

Il ne s'agit pas ici de présenter de manière exhaustive les manières de répondre aux compliments ou aux félicitations qui peuvent vous être adressés. Nous vous renvoyons aux ouvrages sur l'affirmation de soi pour cela (Fanget, 2011). Nous vous proposons plutôt un exercice d'auto-observation pour vous aider à comprendre comment vous réagissez aux diverses marques reconnaissances reçues de votre entourage.

Mon journal des compliments

→ **Consigne**. Dans le tableau suivant :
- Prenez un temps au calme chaque jour pour réfléchir à votre journée.
- Vous pouvez noter, dans les deux premières colonnes, le compliment reçu et la personne qui vous l'a adressé.
- Ensuite, dans la troisième colonne, indiquez comment vous repoussez ou démentez le compliment, même si ce n'est que dans vos pensées.
- Indiquez vos émotions et vos pensées associées à ce compliment dans la quatrième colonne.
- Enfin, proposez des réponses alternatives puis les émotions et pensées associées à ces réponses alternatives respectivement dans la cinquième et la sixième colonne.

→ **Durée**. Une semaine.

Cessez de vous déprécier !

> **Objectifs**
> → Observer votre manière d'agir et de réagir face à ces retours positifs.
> → Mesurer la fréquence des compliments qui vous sont adressés.
> → Identifier vos pensées automatiques et bloquantes.
> → Imaginer des réponses alternatives à mettre en place.

Compliment adressé	Qui m'adresse ce compliment ?	Comment est-ce que je démentis ce compliment ?	Émotions et pensées associées au compliment adressé	Des réponses alternatives	Émotions et pensées associées aux réponses alternatives

> **Quelles réponses donner face à un compliment ?**
>
> Les méthodes d'affirmation de soi proposent différentes façons et différents niveaux d'acceptation et de réponses aux compliments.
> Si accepter un compliment vous paraît trop difficile ou trop stressant, nous vous conseillons les ouvrages d'affirmation de soi afin de travailler de manière plus approfondie sur ce point (Fanget, 2011).

Si vous avez l'habitude de refuser les compliments :

1. Si vous manifestez le syndrome de l'imposteur, c'est que vous avez déjà tendance à minimiser les éléments positifs qui vous arrivent ou qui ont pu vous arriver (vous n'êtes pas à la hauteur,

vous n'avez pas le droit, tout le monde se trompe). Cela signifie que vous n'avez pas nécessairement un regard objectif sur les faits. Ce qui est intéressant, c'est que ce compliment est **extérieur,** donc basé sur des faits – qui sont certes interprétés par la personne qui vous l'adresse mais sans les interprétations liées à votre syndrome.

2. La personne qui vous adresse le compliment ou une marque de reconnaissance a le **droit** d'avoir son propre point de vue. Comme vous avez le droit d'avoir le vôtre... et de l'exprimer. Et il est heureux que les personnes aient des points de vue différents, sinon quel ennui ! Ce compliment est donc tout à fait acceptable.

3. Lorsque vous-même faites un compliment, préférez-vous que la personne le rejette ou l'accepte ? Il suffit dans un premier temps de tout simplement dire **merci**.

> « La règle d'or de la conduite à tenir est la tolérance mutuelle, car nous ne penserons jamais tous de la même façon, nous ne verrons qu'une partie de la vérité et sous des angles différents. » Gandhi

Maintenant que vous avez observé votre manière de réagir et imaginé des manières alternatives de répondre aux compliments ou aux félicitations, vous pouvez vous donner l'opportunité et le droit de répondre.

Je me récompense de mon succès

Vous avez à présent travaillé sur votre processus d'attribution en vous rendant compte que vous pouviez aussi être une cause de votre réussite, et vous avez de plus réuni des témoignages positifs prouvant de manière objective (ou tout du moins extérieure et au-delà du filtre de votre syndrome de l'imposteur) ce **fait** de réussite.

Il est grand temps maintenant de vous octroyer une récompense.

Les personnes souffrant du syndrome de l'imposteur ne fêtent pas leur succès ! Étonnant, n'est-ce pas ? Elles ont plutôt tendance à se lancer directement et de manière frénétique dans un autre projet.

Sans doute, craignent-elles, qu'on leur fasse remarquer qu'elles sont trop hédonistes et qu'elles sont de véritables imposteurs... Cet argument ne nous convient plus, nous en sommes d'accord.

Et puis, à quoi bon fêter un succès qui serait dû à la chance ou à un effort trop important ? Eh bien, nous savons qu'il n'y a pas que de la chance (ou autres circonstances externes). De plus, si cette activité vous a demandé un effort si important, cela vous donne plutôt une raison supplémentaire de vous récompenser !

À ce stade, grâce aux exercices réalisés en amont, vous vous êtes aperçu que, lors de la réalisation d'une tâche, il est possible (et même conseillé !) de consacrer un temps à des activités agréables. Quoi de mieux, ensuite, de savourer votre réussite qui, au regard d'indices objectifs, est bel et bien là ?

Mon carnet de récompenses

→ **Consigne**. dans le tableau suivant :
- Notez dans la première colonne votre réussite. Prenez bien soin de l'indiquer de manière objective, sans la minimiser.
- Dans la deuxième colonne, écrivez la récompense que vous souhaitez vous octroyer pour cette réussite.
- Indiquez dans la troisième colonne ce que vous avez fait pour vous récompenser.
- Enfin, mesurez le degré de plaisir ressenti durant cette récompense (de 0 à 10, 10 étant le maximum de plaisir).

→ **Durée**. En fonction de la récompense (nous vous laissons le champ libre).

> **→ Objectifs**
> - Vous arrêter le temps nécessaire sur votre réussite pour l'intégrer et la savourer.
> - Vous octroyer un moment de pause et de plaisir pour intégrer votre succès.
> - Parvenir à ponctuer vos réalisations de moments de détente.

Mon carnet de récompenses

Ma réussite	Ma récompense envisagée	Ma récompense donnée	Mon plaisir ressenti (de 0 à 10)
-	-	-	-

Vous pouvez anticiper votre prochaine réussite en prévoyant d'emblée un moment de récompense. Un tableau alternatif vous est présenté dans le cahier d'exercice à la fin de ce chapitre.

> **Quel bilan faites-vous de ces exercices ?**
> ....
> ....
> ....
> ....
> ....

Pour conclure : rompez... le cycle !

Il est important d'être conscient du moment où le cycle de l'imposteur se met en place, d'où l'importance des éléments descriptifs et d'auto-observation que nous vous avons fourni au début. Identifier-le dès qu'il s'enclenche pour mettre en place les exercices appropriés.

En amont du cycle ?

Accordez-vous un temps pour :
- → Mesurer votre anxiété et mettre des mots sur les pensées qui vous bloquent.
- → Recadrer vos pensées en relativisant la situation stressante et en cherchant du plaisir dans l'activité.
- → Élaborer un plan d'action par étapes hiérarchisées pour rendre votre objectif plus accessible.
- → Réfléchir déjà à la récompense que vous allez vous octroyer pour fêter votre réussite !

Pendant le cycle ?

- → Accordez-vous des temps de repos, de relaxation, de plaisir – nous sommes plus efficaces après une pause, vous en conviendrez.
- → Osez demander de l'aide ou dire non – si on y réfléchit, cela ne révèle pas une imposture mais plutôt deux très grandes qualités, celle de reconnaître ses faiblesses, étant donné que nous en avons tous et que personne n'est parfait, et celle de pouvoir exprimer des ressources différentes, puisque l'on s'adapte à la situation.
- → Observez votre évolution vers l'objectif à atteindre pour garder votre motivation.

Et après le cycle ?

- → Eh bien c'est le moment de vous récompenser !
- → Questionnez-vous objectivement sur votre réussite et à quel point elle vous appartient.
- → Basez-vous sur les retours positifs, qui sont des points de vue au-delà du filtre de votre syndrome de l'imposteur, pour mesurer ces succès.
- → Soyez constructif dans votre manière de vous critiquer ou de minimiser votre résultat : rester sur un constat négatif ne garantit aucune amélioration.

Je procrastinerai demain…

> Quel bilan faites-vous de ce chapitre sur le cycle de l'imposteur ?
> ....
> ....
> ....
> ....
> ....

Il est temps maintenant de consolider vos acquis ! Mais avant, et en considérant tout le travail accompli pour arriver jusque-là, faites une pause ! Et amusez-vous.

Une petite semaine de répit ?

Mon cahier d'exercices

Rompre le cycle de l'imposteur

Mon cycle de l'imposteur

→ **Consigne.** Réfléchissez à une situation dans laquelle vous avez pu mettre en place ce cycle de l'imposteur afin de le décrire dans les cases correspondantes. Vous pouvez ensuite indiquer ce que vous mettez en place pour le surmonter après les exercices.

→ **Durée.** Quelques minutes.

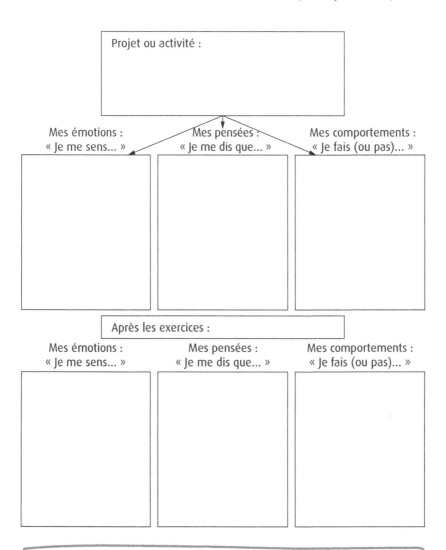

Je change mon rituel de pensée

→ **Consigne.** Dans le tableau suivant :
- Notez dans la première colonne votre pensée initiale. Elle peut se référer à la liste que nous vous avons présentée ou être issue de votre propre expérience et de votre auto-observation.

- Inscrivez dans la deuxième colonne les conséquences positives de cette pensée. Vous pourrez, de plus, indiquer entre parenthèses à quel point ces conséquences sont importantes pour vous, à quel point vous en êtes convaincu(e) ou à quel point cela a-t-il un impact (en termes de pourcentages).
- Décrivez dans la dernière colonne les conséquences négatives en y ajoutant à nouveau le pourcentage associé ;
- Enfin, calculez la moyenne de ces pourcentages pour observer si cette pensée a davantage de conséquences positives ou négatives afin de vous rendre compte à quel point ces pensées peuvent être fonctionnelles pour votre bien-être.

→ **Durée.** Quelques minutes.

Je change mon rituel de pensée

Ma pensée initiale	Ses avantages	Ses inconvénients
-	-	-
	Somme des % :	Somme des % :
Mon autre pensée	**Ses avantages**	**Ses inconvénients**
- « Je vais faire de mon mieux »	-	-
	Somme des % :	Somme des % :

Mes critères de réussite

→ **Consigne.** Dans le schéma suivant :
- Indiquez vos critères de réussite en bas.
- Identifiez les éléments les plus importants pour vous afin d'orienter vos actions et comportements.
- Vous pourrez de nouveau vous référer à cet outil après votre réalisation.

→ **Durée.** Quelques minutes.

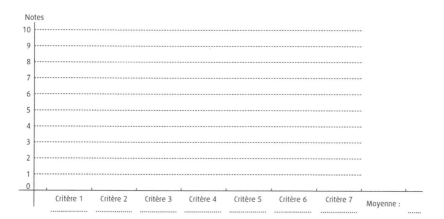

Mon objectif SMART

→ Un objectif SMART permet d'avoir une idée précise du but à atteindre, en termes notamment de temps mais aussi d'évolution ou de réajustement des priorités.

Mon objectif, mon but : ....

Est-il **S**pécifique : **Oui**   **Non**   Si non, précisez

Est-il **M**esurable :

Les étapes	Importance (de 0 à 10)
1)	....
2)	....
3)	....
4)	....
5)	....
6)	....
7)	....
8)	....
9)	....
10)	....

Est-il **A**cceptable, **A**ccepté, **A**tteignable :

Mon recadrage positif

Ma situation :			
Mon stress (de 0 à 10)	Ma pensée stressante	Ma pensée recadrée	Mon stress (de 0 à 10)
	–	–	
	–	–	
	–	–	

Est-il **R**aisonnable, **R**éalisable :

Situation actuelle	Travail accompli dans le passé	Résultats obtenus dans le passé	Qualités ou compétences développées	Qualités ou compétences que je peux à nouveau mettre en place
	–	–	–	–
	–	–	–	–
	–	–	–	–
	–	–	–	–

Est-il **T**emporellement défini :

Les étapes (hiérarchisées)	Temps à accorder
1)	....
2)	....
3)	....
4)	....
5)	....
6)	....
7)	....
8)	....
9)	....
10)	....

Des activités passionnantes pour moi

→ **Consigne.** Quelles sont les activités que vous aimez ou aimeriez faire ? Remplissez le tableau suivant en indiquant, dans la colonne du milieu :
- L'activité : active (dessin, théâtre, chant) ou passive (lecture) ;
- Depuis combien de temps vous la réalisez (vous avez commencé à quel âge ?).
- Combien de temps cela fait-il depuis la dernière fois (la dernière fois, c'était quand ?).
- Si elle incombe un coût éventuel pour la réaliser ou la reprendre (ai-je le matériel, le contexte pour le faire ?).
- Quels moyens vous pourriez mettre en œuvre pour la réaliser (si vous n'avez pas la possibilité de la faire en ce moment, quelles sont les conditions pour la faire ou la reprendre – achat de crayons pour le dessin, retrouver ses patins pour faire du roller, etc. ?) ;
- les raisons pour lesquelles vous ne le feriez pas (que dites-vous pour éviter de faire ces activités...? C'est important, l'exercice suivant vous aidera à dépasser ces croyances négatives sur votre activité).

Si vous avez du mal à en trouver, commencez par les activités que vous avez faites entre l'âge de 10 ans et 18 ans, ce sont souvent des activités ludiques et agréables.

Ne vous « enfermez » pas – si vous ne voulez pas reprendre une activité ancienne, cherchez-en une nouvelle ! Sans hésiter, encore une fois, n'imposez pas de limites, au moins pour l'instant !

Dans la dernière colonne, cochez alors les qualités de cette activité selon les travaux de Stuart Brown pour vous rendre compte de son potentiel plaisir.

→ **Durée.** Quelques minutes.

Des activités passionnantes pour moi

Mon activité	-	Cochez les qualités de cette activité selon les travaux de Stuart Brown
Je le fais depuis quand ? Combien d'années, de mois ?	-	☐ Sans objectif. ☐ Je la ferai volontiers, j'en ai envie.
La dernière fois que je l'ai faite, cela remonte à quand ?	-	☐ C'est une activité que j'adore, et je ne suis même pas certain de savoir pourquoi.
Si je veux la faire, est-ce que cela peut représenter un coût pour moi, surtout matériel (achat d'équipement, recherche de cours) ?	-	☐ Je peux faire cette activité pendant des heures, ou autant de temps que je veux une fois lancé(e).
Si je la reprends (ou je la fais), que dois-je faire, concrètement pour y arriver (faire une liste) ?	-	☐ Quand je fais cette activité, j'oublie le reste, je suis vraiment « dans » cette activité, parfois je ne vois pas le temps passer.
Pourquoi ne ferais-je pas cette activité, qu'est-ce que je me dis pour ne pas la faire ?	-	☐ Quand je fais cette activité, je remarque que j'élabore des idées inattendues, sur l'activité elle-même ou sur un autre aspect de ma vie ; je découvre beaucoup. ☐ J'ai très envie de faire cette activité et parfois je n'ai pas envie de m'arrêter.

Activité :

Pourquoi ne ferais-je pas cette activité, qu'est-ce que je me dis pour ne pas la faire ?	Ce que je me dis contre cette activité	Ce que je pourrais dire pour m'encourager à le faire

Mes moments de détente et d'activités de loisirs

→ **Consigne.** Dans le tableau suivant :
- Indiquez dans la première colonne l'activité de détente ou de loisir que vous effectuez.
- Dans la deuxième colonne, notez le temps investi.
- Inscrivez dans la troisième colonne son acceptabilité, sa faisabilité, sur une échelle de 0 («c'est très, voire trop difficile») à 10 («c'est très facile à entreprendre, génial!»).
- Enfin, dans la dernière colonne, notez l'amélioration de votre efficacité lorsque vous retournez à votre tâche principale, de 0 («je ne suis pas du tout efficace, et certainement pas plus efficace qu'avant mon activité loisir») à 10 («c'est vrai que je suis beaucoup plus efficace»).

→ **Durée.** Quelques minutes (pour cet exercice, mais tout dépend vraisemblablement de votre activité loisir, en réalité).

Mes moments de détente et d'activités de loisirs

Activité	Temps investi	Acceptabilité/ facilité d'entreprendre 0 = Difficile 10 = Facile	Amélioration de mon efficacité par la suite 0 = pas d'amélioration 10 = beaucoup d'amélioration

Attribution responsable

→ **Consigne.** Dans le tableau suivant :
- Décrivez brièvement dans la première colonne une situation de succès que vous avez vécue.
- Indiquez dans la deuxième colonne l'attribution que vous (avez) faite(s) pour expliquer cette réussite – à quoi est dû votre succès dans cette situation ?
- Dans la troisième colonne, notez si votre attribution est interne (succès basé sur vous et vos compétences), externe (succès basé sur la situation, contexte, ou quelqu'un d'autre), ou les deux en expliquant pourquoi.
- Si dans la troisième colonne votre attribution est externe, proposez une alternative pour pouvoir attribuer ce succès à vous-même, au moins partiellement (vous pouvez vous référer au camembert vu précédemment).

→ **Durée.** Quelques minutes.

Situation/ réussite	L'attribution : à quoi est dû ce succès ?	Est-ce que cette attribution est interne ? Externe ? Les deux ? Expliquez.	Si vous avez attribué votre succès à des causes externes, pourriez-vous avoir une autre attribution alternative ?

Mon insatisfaction constructive

→ **Consigne.**
- Indiquez précisément un comportement ou une action qui pourrait être mis en place ou amélioré pour la prochaine tâche à réaliser.
- Notez ensuite des idées d'amélioration et gardez précieusement ces idées lors de prochains projets pour vous y référer et pouvoir les mettre en place.
- Réfléchissez aux conséquences positives de la mise en place de ces actions alternatives.

→ **Durée.** Quelques minutes.

Mon insatisfaction constructive

→ Ce qui pourrait être amélioré la prochaine fois :
- ....
- ....
- ....
- ....
- ....

→ Comment je peux l'améliorer (quelles actions mettre en place ?) :
- ....
- ....
- ....
- ....
- ....

→ Les conséquences positives de ces actions alternatives :
- ....
- ....
- ....
- ....
- ....

Mon journal des compliments

→ **Consigne.** Dans le tableau suivant :
- Vous pouvez noter, dans les deux premières colonnes, le compliment reçu et la personne qui vous l'a adressé.
- Ensuite, dans la troisième colonne, indiquez comment vous repoussez ou démentez le compliment, même s'il ne s'agit que de vos pensées et si vous ne l'avez pas démenti oralement.
- Indiquez vos émotions et vos pensées associées à ce compliment dans la quatrième colonne.
- Enfin, basé sur le travail fait en amont, proposez des réponses alternatives puis les émotions et pensées associées à ces réponses alternatives dans la cinquième et la sixième colonne, respectivement.

→ **Durée.** Une semaine.

Compliment adressé	Qui m'adresse ce compliment ?	Comment je démentis ce compliment ?	Émotions et pensées associées au compliment adressé	Des réponses alternatives	Émotions et pensées associées aux réponses alternatives

Mon carnet de récompenses

→ **Consigne.** Dans le tableau suivant :
- Notez dans la première colonne votre anticipation de récompense le plus précisément possible, celle que vous souhaitez vous octroyer en cas de réussite ;
- Dans la deuxième colonne, décrivez votre succès. Prenez bien soin de l'indiquer de manière objective, sans le minimiser ;
- Indiquez dans la troisième colonne ce que vous avez fait pour vous récompenser ;
- Enfin, mesurez le degré de plaisir ressenti durant cette récompense (de 0 à 10, 10 étant le maximum de plaisir).

→ **Durée.** En fonction de la récompense (nous vous laissons le champ libre).

Mon carnet de récompenses

Si je réussis, je me récompense comment ?	Ma réussite réalisée	Ma récompense donnée	Mon plaisir ressenti (de 0 à 10)
–	–	–	–
–	–	–	–
–	–	–	–
–	–	–	–
–	–	–	–
–	–	–	–

8
Consolider mes nouveaux acquis face au syndrome de l'imposteur

> **Objectifs**
>
> → Appréhender la notion de masque du syndrome de l'imposteur.
> → Consolider votre nouvel apprentissage et vos acquis des autres chapitres.
> → Observer votre évolution personnelle au regard de votre syndrome de l'imposteur.

En fonction de votre lecture et de votre problématique personnelle, vous avez appris de nombreuses notions concernant votre syndrome de l'imposteur. Vous avez peut-être opté pour une lecture d'ensemble ou au contraire ciblé les éléments que vous aviez pu identifier.

Il en reste encore quelques-uns à aborder pour consolider ce travail sur vous-même.

Dans ce chapitre :

✓ nous aborderons la notion de « masque de l'imposteur » (pas des vrais imposteurs, vous l'aurez compris ! mais celui issu de ce syndrome) ;

- ✓ nous vous donnerons quelques bases pour ancrer de nouvelles habitudes pour surmonter votre syndrome au quotidien (cela peut être un processus long, parfois, tout comme le syndrome peut être là depuis longtemps) ;
- ✓ nous nous pencherons sur le « et après ? », car que faire ensuite, une fois qu'on a travaillé sur son syndrome ?

Maintenant, observons le masque

Les chapitres précédents nous ont permis de mettre des mots sur votre ressenti en lien avec le syndrome de l'imposteur, ainsi que de préciser les domaines ou contextes dans lesquels ce syndrome peut se manifester dans votre quotidien. Vous avez pu préciser votre I.M.P. Vous avez mesuré l'intensité de votre syndrome de l'imposteur et identifier d'autres éléments centraux qui peuvent se manifester dans ce syndrome. Vous avez de plus pu travailler certains symptômes du syndrome en fonction de votre problématique personnelle.

Mais si nous avons abordé le processus d'attribution de l'I.M.P. (le M), nous n'avons pas encore abordé le I et le P, que vous avez pourtant décrit au premier chapitre : l'**impression de tromper** votre entourage et la **peur d'être découvert(e)**.

C'est là qu'intervient la notion du masque de l'imposteur.

Comme nous l'avons décrit en amont, les personnes présentant le syndrome de l'imposteur ont l'impression de porter un masque (de compétences, d'aptitudes sociales, d'intelligence...). Ce masque n'est cependant pas en accord avec leur ressenti interne et fait naître non seulement un décalage entre la perception de soi et l'image donnée aux autres mais aussi un sentiment parfois profond de ne pas être authentique, donc de tromper les autres. Cela donne ce type de configuration (voir schéma page suivante).

Différents éléments vont ainsi alimenter et entretenir cette idée de porter un masque, avec la peur essentielle qui en découle : celle d'être un jour démasqué(e) ou accusé(e) d'être un « imposteur ! ».

Consolider mes nouveaux acquis face au syndrome de l'imposteur

Identifions votre masque.

« Le masque de l'imposteur » : qu'est-ce que c'est ?

Dans le syndrome de l'imposteur, la notion de masque peut se présenter comme suit (voir le schéma p. 268).

Le masque se met en place, par exemple en réponse à une anxiété importante. Certaines pensées (« je vais échouer », « je ne suis pas à la hauteur », « je ne suis pas la bonne personne pour faire ça », « je dois donner l'image de quelqu'un qui sait ou qui sait faire »…) pourront émerger. Et de ce fait, certains comportements seront favorisés (cycle de l'imposteur, rejet des compliments…).

Pourtant les personnes qui présentent le syndrome de l'imposteur se donnent à voir de manière totalement différente, ce qui favorise le sentiment d'inauthenticité. Nous n'avons pas toujours conscience de notre mode de fonctionnement, notamment dans le cas de ce syndrome. C'est pourquoi cette notion de masque est importante à décrire, à identifier et à observer.

Nous allons donc maintenant vous demander d'observer comment ce masque se met en place. Pour nous, cette notion de masque regroupe les éléments clés du syndrome de l'imposteur, le cycle de l'imposteur, la peur de l'échec, la peur de la réussite, le besoin de reconnaissance et le dénigrement des véritables compétences.

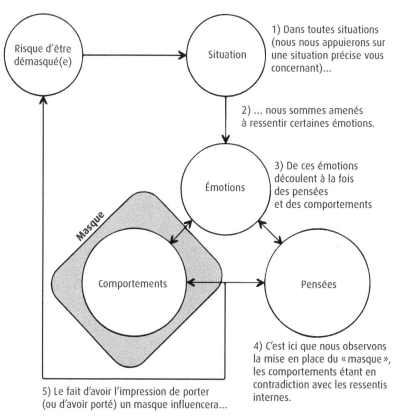

Prenons un exemple pour y voir plus clair.

Esméralda et sa présentation

Esméralda a à peine deux heures et demie pour terminer sa présentation. Il s'agit d'une importante présentation devant le conseil d'administration de son entreprise, une grande multinationale qui est sur le point d'ouvrir un nouveau marché sur l'Inde.

> Son cœur **bat très fort**, et Esméralda a l'impression d'être **légèrement étourdie**, avec notamment une respiration peu efficace – elle n'arrive pas à rattraper son souffle. Ses mains **tremblent** légèrement et Esméralda sait que son état psychologique y est pour quelque chose, même si ces tremblements peuvent aussi s'expliquer par toute la caféine qu'elle a bue depuis 6 heures ce matin et le fait qu'elle a n'a pas trop mangé depuis.
> Alors que ce travail a été entamé depuis plusieurs mois, Esméralda a aujourd'hui l'impression de s'y prendre **à la dernière minute**. Ce n'est malheureusement pas la première fois dans sa vie qu'elle a ce sentiment. Le travail de fond a en fait été mené tout au long de ces derniers mois, pourtant cette présentation, avec ces enjeux si importants, a bel et bien **traîné** depuis quelques semaines. Chaque fois qu'Esméralda se mettait à y travailler, elle trouvait **autre chose à faire** en se disant qu'elle aurait bien le temps pour reprendre correctement sa présentation plus tard. **Plus tard, c'est son *leitmotiv*.** Elle regrette à présent sa **procrastination** car aujourd'hui, la tâche lui semble **impossible**. Elle a recommencé à y travailler avant-hier, et encore, elle n'a pas pu s'y consacrer pleinement non seulement à cause d'un comportement d'évitement, certes, mais aussi parce qu'elle avait d'autres dossiers et obligations qui ne lui ont pas permis de se concentrer efficacement sur ce travail.

En y regardant de plus près, et en nous référant à nos descriptions précédentes, nous pouvons identifier le cycle de l'imposteur, l'une des caractéristiques du syndrome de l'imposteur. Dans le cercle des comportements, nous devinons la procrastination, suivie d'un travail frénétique. Nous constatons une anticipation de l'échec, un manque de confiance en ses capacités et une peur d'être démasquée, ainsi qu'une forte anxiété inhérente à cette procrastination.

Nous pouvons ainsi réaliser notre observation de la situation d'Esméralda et des manifestations qui en découlent :

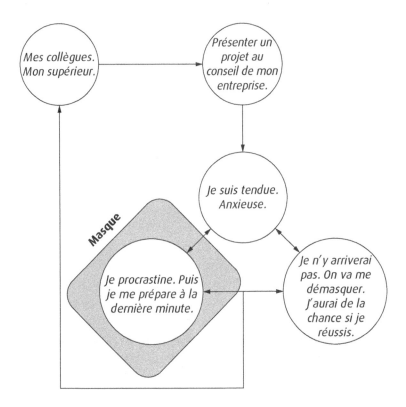

Cette méthode est très utile pour pouvoir identifier nos émotions, nos pensées et nos comportements. En nous y intéressant davantage, nous pouvons continuer à observer notre mode de fonctionnement et ainsi continuer à cibler les éléments à travailler dans le syndrome de l'imposteur.

Quel est mon masque ?

Pour le moment, nous vous demandons d'observer votre masque.

Nous vous proposons donc de réaliser cet exercice d'auto-observation, en vous référant à une situation personnelle. Cette description peut rendre compte de différents éléments du syndrome de l'imposteur, pas nécessairement le cycle de l'imposteur, comme la peur de l'échec, la peur du succès, le dénigrement des compétences ou le besoin d'être remarquable.

Auto-observation du masque

→ **Consigne.** Dans le schéma suivant :
- Référez-vous à une situation précise de votre quotidien, en lien avec le syndrome de l'imposteur (elle peut être professionnelle mais aussi personnelle).
- Décrivez dans le premier cercle les émotions qui découlent de cette situation, avec vos mots propres. Il peut s'agir d'un ressenti mais aussi de manifestations corporelles.
- Dans le cercle des pensées, vous pourrez noter ce que vous vous dites sur l'instant.
- Ensuite, indiquez les comportements que vous avez pu mettre en place.
- Enfin, décrivez les personnes que vous pensez avoir trompées.

→ **Durée.** Quelques minutes.

Objectifs
→ Observer la mise en place du masque.
→ Définir les manifestations qui y sont liées, en termes d'émotions, de pensées et de comportements.
→ Apprendre à connaître et reconnaître les éléments du masque lorsqu'ils se manifestent.

Cessez de vous déprécier !

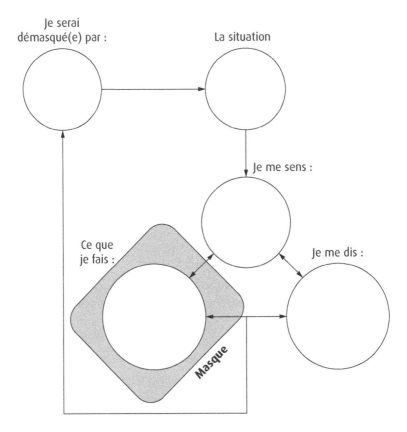

Jusque-là, vous avez observé ce masque avec un peu de recul. Le but est maintenant de l'observer dans votre quotidien et en situations. Voici donc ce que nous vous proposons.

Mon masque au quotidien

→ **Consigne**. Dans le tableau suivant :
- Prenez chaque jour, le soir par exemple, une dizaine de minutes pour réfléchir à la journée qui vient de se dérouler.
- Décrivez des situations qui illustrent votre tendance à adopter les attitudes du syndrome de l'imposteur, avec un exemple illustratif dans la première colonne.

- Dans les colonnes suivantes, vous pourrez noter le(s) élément(s) décris dans le syndrome de l'imposteur – et si vous avez mis en place un comportement qui masque vos émotions et votre ressenti.
- Ensuite, indiquez un comportement alternatif et les émotions possibles liées à ce comportement alternatif. Nous restons dans le cadre de l'imagination pour l'instant, mais essayez d'identifier clairement ce qui pourrait être mis en place autrement.
- Enfin, imaginez les réactions des autres si vous changiez votre comportement. Comme le point précédent, nous ne vous demandons pas de faire en sorte que cela arrive. Restez dans le cadre des probabilités.

→ **Durée.** Une semaine.

Objectifs

→ Développer votre connaissance personnelle sur le masque du syndrome de l'imposteur.

→ Identifier la mise en place du masque de l'imposteur.

→ Se préparer pour les prochaines fois où ses éléments peuvent apparaître.

Quelques questions pouvant orienter la réalisation de l'exercice

Concernant l'entrée ou la mise en place du cycle de l'imposteur, elles pourront être formulées ainsi :

- « Avez-vous eu tendance à vous engager dans une activité avec beaucoup de doutes sur vos capacités ? En étant déjà persuadé(e) de ne pas pouvoir réussir ? »
- « Avez-vous favorisé le travail frénétique ou plutôt la procrastination ? »
- « Cette méthode de travail vous amène-t-elle à dénigrer votre réussite ? »

Concernant les autres caractéristiques du syndrome de l'imposteur, elles pourront être appréhendées telles quelles :

- « Avez-vous eu tendance à vouloir vous montrer comme la/le meilleur/e ou quelqu'un d'exceptionnel lorsque vous vous êtes retrouvé avec d'autres personnes ? »

- « Avez-vous eu tendance à sous-estimer vos performances ou à dénigrer les retours positifs ? »
- « Êtes-vous la même personne en "public" et en "privé" ? »
- « Manifestez-vous des traits perfectionnistes en lien avec une possible peur de l'échec ou de la réussite sous-jacente ? »

Cet exercice est important afin de favoriser votre auto-observation. C'est pourquoi nous vous invitons à prendre votre temps et à le réaliser chaque jour. Pour ce faire, vous pouvez faire une pause dans la lecture de ce livre afin d'être pleinement dans l'auto-observation. Vous pouvez aussi, si vous le souhaitez, relire les introductions de certains chapitres, ceux qui semblent vous correspondre, afin de réactiver vos connaissances personnelles sur les différentes caractéristiques du syndrome de l'imposteur qui vous sont propres.

Voici un exemple pour vous aider :

Situation	Quel(s) élément(s) du syndrome d'imposteur se manifeste(nt)-il(s) ?	Est-ce que j'ai mis un « masque » pour cacher mon ressenti ?	Quel comportement alternatif pourrais-je adopter ?	Si j'adopte ce comportement alternatif, qu'est-ce que je ressens ?	Quelles réactions les autres pourraient avoir si je me comportais de cette manière alternative ?
Consacrer un temps trop important pour la réalisation d'un dossier peu important.	Cycle de l'imposteur (travail frénétique). Peur de l'échec.	Masque	Réduire le temps de travail au profit d'un dossier plus important.	Soulagement	Compréhension
Discuter lors d'un dîner avec des collègues de travail.	Besoin de paraître le meilleur ; d'être remarquable.	Masque	Dire mes difficultés. Apprendre de l'expérience des autres.	Soulagement	Compréhension Proposition d'aide Échanges d'expériences

Consolider mes nouveaux acquis face au syndrome de l'imposteur

Situation	Quel(s) élément(s) du syndrome d'imposteur se manifeste(nt)-il(s)?	Est-ce que j'ai mis un « masque » pour cacher mon ressenti?	Quel comportement alternatif pourrais-je adopter?	Si j'adopte ce comportement alternatif, qu'est-ce que je ressens?	Quelles réactions les autres pourraient avoir si je me comportais de cette manière alternative?
Travailler sur un dossier peu important après les autres, sur un temps limité et défini, adéquat		Pas de masque			

Normalement, après les chapitres que vous avez lus, ce masque devrait déjà être moins présent.

Après cette semaine, observez-vous encore des éléments du syndrome de l'imposteur se manifester de manière prévalente ? Si oui, lesquels ? À quelle fréquence ? Avec quelle intensité ? Quelles réactions imaginez-vous de la part des autres ? Quels sont votre opinion et votre ressenti quant à ce masque de l'imposteur ?

> **Quel bilan faites-vous de cet exercice ?**
> ....
> ....
> ....
> ....
> ....

À présent, l'idée est de pouvoir favoriser ces comportements alternatifs dans vos interactions. L'objectif est à présent de favoriser votre authenticité afin de relativiser les manifestations du masque du syndrome de l'imposteur. À partir des recommandations de Young (2011), nous vous proposons un autre exercice.

> Faites une liste des situations dans lesquelles le syndrome de l'imposteur et le masque vont probablement se manifester. Quand vous pouvez prévoir l'irruption de ces sentiments, ils sont plus faciles à reconnaître et à surmonter. La trame de cet exercice vous est présentée en annexe.

Mon masque au quotidien

Situation	Quel(s) élément(s) du syndrome d'imposteur se manifeste(nt)-il(s) ?	Ai-je mis un « masque » pour cacher mon ressenti ?	Quel comportement alternatif pourrais-je adopter ?	Si j'adopte ce comportement alternatif, qu'est-ce que je ressens ?	Quelles seraient les réactions possibles provenant des autres si je me comportais de cette manière alternative ?

> **Objectifs**
> → Mettre en lien les situations et les personnes pouvant provoquer l'expression du syndrome de l'imposteur avec vos symptômes personnels sous forme d'état des lieux.
> → Vous préparer à l'expression de votre syndrome de l'imposteur dans diverses situations que vous aurez pu identifier.
> → Mettre en place les outils les plus adaptés pour vous en fonction de vos problématiques personnelles.
> → Anticiper la mise en place d'exercices efficaces pour vous afin de relativiser votre syndrome de l'imposteur.

Grâce à ce masque que vous observez dans votre quotidien, vous avez en quelque sorte ciblé les situations et les personnes dans et avec lesquelles il peut être encore difficile d'exprimer votre véritable ressenti ou votre authenticité – ce qui entretien l'idée de masque et le sentiment de tromperie. Prenez votre temps pour favoriser ces comportements alternatifs.

Si vous vous dévoilez...

Reconnaître ouvertement que l'on subit le syndrome de l'imposteur n'est pas forcément facile – cela dépend de nos relations, de notre histoire, de son intensité... Néanmoins, vous avez normalement trouvé des personnes avec qui échanger à ce sujet. Nous préférons donc vous demander d'abord d'imaginer que vous leur avouez votre syndrome de l'imposteur.

Pour cela, reprenez le tableau du chapitre 1 dans lequel vous avez énuméré les personnes qui pourraient vous démasquer (p. 37).

> ### Qui peut me démasquer ? (suite)
>
> → **Consigne**. Dans le tableau suivant :
> - Reprenez les noms des personnes que vous avez énumérées au chapitre 1 (p. 36) et inscrivez-les dans la première colonne (essayez de ne pas prendre en compte le degré d'anxiété associé pour le moment, quitte à le cacher par une feuille).
> - Indiquez le degré d'anxiété associé au risque de pouvoir être démasqué(e) par ces personnes. Mesurez-la sur une échelle de 0 % à 100 % (100 % étant l'anxiété la plus importante que vous pourriez ressentir).
> - Inscrivez ensuite (et c'est là que vous pouvez retirer le cache du tableau du chapitre 1) l'anxiété initiale.
> → **Durée**. Quelques minutes.
> → **Objectifs**
> - Mesurer à nouveau cette peur vis-à-vis des personnes concernées et comparer la avec vos premières impressions.
> - Hiérarchiser cette peur pour connaître les situations les plus accessibles.

Qui peut me démasquer ?

Qui peut me démasquer ?	Mon anxiété (de 0 % à 100 %) maintenant	Mon anxiété (de 0 % à 100 %) au début du livre

À présent :

4. Observez s'il y a une évolution.
5. Ensuite choisissez la personne pour laquelle la peur d'être démasqué(e) est la moins importante.
6. Imaginons maintenant la situation suivante : vous allez à sa rencontre et vous lui avouez votre syndrome de l'imposteur. La pire des réactions possible ? Cette personne valide votre ressenti et vous accuse d'être un imposteur ouvertement ! Ce n'est, vraiment, pas très agréable...

Décrivez ce qui se passerait exactement (« imposteur ! »)

- ....
- ....
- ....
- ....
- ....
- Quelle serait la probabilité que cette réaction soit celle qui se produise ? _____ %

Décrivez à présent ce qui se passerait réellement, de manière rationnelle

- ....
- ....
- ....
- ....
- ....
- Quelle serait la probabilité que cette réaction soit celle qui se produise ? _____ %

Cessez de vous déprécier !

> ### Démasqué(e) !
>
> → **Consigne.** Ci-dessous, après avoir relu les deux scénarii :
> - Indiquez sous forme d'histogramme, d'abord la probabilité réelle selon laquelle le pire scénario (à gauche) puisse véritablement se produire puis à quel point cela serait une catastrophe (à quel point cela serait-il horrible d'être démasqué ?) – cela vous donnera deux bâtons concernant le pire scénario.
> - Indiquez ensuite la probabilité réelle selon laquelle le scénario plus rationnel que vous avez décrit puisse véritablement se produire et à quel point cela serait une catastrophe.
> → **Durée.** Quelques minutes.
> → **Objectifs**
> - Envisager de manière plus rationnelle la réaction de l'entourage au regard de vos compétences réelles.
> - Relativiser le scénario catastrophe.

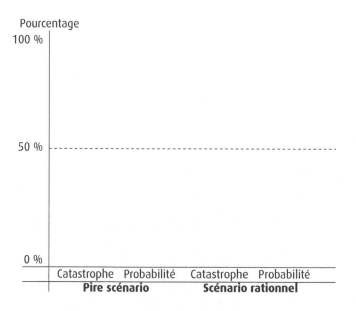

> **Quel bilan faites-vous de cet exercice ?**
> ....
> ....
> ....
> ....
> ....

En comparant les deux scénarii, leur probabilité et leur catastrophisme, vous devriez observer que le pire scénario catastrophe (« je suis démasqué(e) ! ») a peu de probabilité de se réaliser et que le scénario moins catastrophique et plus rationnel est le plus probable. C'est plutôt rassurant, n'est-ce pas ?

Si ce n'est pas le cas :

- ✓ N'y a-t-il pas un dénigrement des compétences qui vous amène à minimiser votre potentiel (et donc appuie encore votre syndrome de l'imposteur) ? Reprenez le chapitre 6.
- ✓ Ou bien la peur de l'échec et les éléments de honte sont-ils encore prévalents ? Reprenez le chapitre 4.

En parallèle, nous vous invitons à continuer à échanger sur votre syndrome avec des personnes de confiance, afin de verbaliser votre ressenti auprès d'oreilles attentives. N'oubliez cependant pas que chacun, dans sa vie, a ses propres défis à relever – peut-être même son propre syndrome de l'imposteur, qui sait !

En ce qui concerne l'exercice précédent, n'hésitez pas à le reproduire à plusieurs reprises en imagination afin de confronter votre scénario catastrophe – peu probable toutefois, non ?

> **Quel bilan faites-vous de ces exercices ?**
> ....
> ....
> ....
> ....
> ....

Voici quelques pistes de conclusion. Nous pouvons noter que :
- ✓ en observant le masque, il est possible de favoriser des comportements alternatifs ;
- ✓ et, comme les pires scénarii sont peu probables, ces comportements alternatifs peuvent être favorisés pour améliorer votre bien-être sans nécessairement mettre à mal vos relations.

Quelle pensée pourriez-vous adopter sur ce masque et la peur d'être démasqué(e) ? Une pensée rationnelle, nous entendons... Une idée ? Par exemple :

> « Si j'y réfléchis, il est peu probable que le pire scénario que j'envisage se réalise étant donné que je ne suis pas un véritable imposteur. Je peux prendre mon temps pour ôter mon masque en commençant par les situations les moins anxiogènes et mes symptômes du syndrome de l'imposteur les moins importants. Les réactions des autres, lorsque je serai plus authentique, ne seront pas nécessairement mauvaises, et avec le temps ils pourront accepter ces changements étant donné que je les accepte aussi. »

Certes, cette pensée plus rationnelle est aussi... plus longue. C'est essentiellement du fait qu'elle est moins absolue et moins rigide. Elle est plus nuancée... et plus représentative de la réalité.

Que se passe-t-il après ?

Faisons un bilan...

... de tout ce que vous aurez pu lire jusque-là.

Il est temps pour vous de vous positionner à nouveau sur les questionnaires que nous vous avons fournis.

Commençons par celui mesurant le syndrome de l'imposteur. Le questionnaire est disponible en annexe de ce chapitre (p. 301).

Je refais le test (1)

→ **Consigne**. Une seconde fois, pour chaque question, indiquez comment l'énoncé est vrai pour vous.

Il est préférable de donner la première réponse qui vous vient à l'esprit plutôt que de vous arrêter sur chaque énoncé et d'y penser à plusieurs reprises.

→ **Durée**. Quelques minutes.

Pour rappel, vous pouvez calculer le résultat en additionnant les points de la manière suivante :

→ Pas du tout = 1
→ Rarement = 2
→ Parfois = 3
→ Souvent = 4
→ Tout le temps = 5

Votre nouveau score :..................... / 100
Votre ancien score :..................... / 100

> **Votre score a diminué ?** Si vous avez observé une diminution, c'est une très bonne nouvelle : vous êtes en mesure de relativiser votre syndrome de l'imposteur. Bravo ! Vous avez pu le faire et vous pouvez reprendre les exercices qui vous paraissent les plus pertinents pour terminer de surmonter votre syndrome. Sachez cependant que, parfois, le syndrome de l'imposteur réémerge. Si c'est le cas, reprenez ce livre, au moins les trois premiers chapitres, dans 6 ou 12 mois pour repasser les tests, réévaluer votre syndrome et observer si ses manifestations s'affichent toujours (à quel point ? à quel degré ?) et si les éléments clés personnels ont changé.
>
> **Votre score n'a pas changé ou a augmenté ?** Le syndrome de l'imposteur est parfois un processus long, qui a intégré un certain nombre d'habitudes et de réflexes qui en fait une constellation de comportements, de cognitions et d'émotions bien ancrée dans notre manière de faire. Pour remédier au syndrome de l'imposteur, il faut aussi du temps. Nous vous conseillons de reprendre les points qui vous concernent et de continuer à y travailler, en mesurant régulièrement votre évolution à l'aide des exercices d'auto-observation et des bilans personnels. Tout ne changera pas rapidement, et pas forcément tout en même temps. Laissez le temps au temps.

Maintenant, voyons où en est votre acceptation inconditionnelle. Retrouvez le questionnaire en annexe (p. 304).

> **Je refais le test (p. 82) (2)**
> → **Consigne.** Indiquez s'il vous plaît à quelle fréquence chaque affirmation suivante est vraie ou fausse pour vous.
> → **Durée.** Quelques minutes.

Pour calculer le résultat, additionnez les points de la manière suivante :

1. Pour les questions 2, 3, 5, 8, 11, 16, 17, 18, 20 :
→ Presque toujours faux = 1
→ Habituellement faux = 2
→ Plus souvent faux que vrai = 3
→ Aussi souvent vrai que faux = 4
→ Plus souvent vrai que faux = 5
→ Habituellement vrai = 6
→ Presque toujours vrai = 7

2. Pour les questions 1, 4, 6, 7, 9, 10, 12, 13, 14, 15, 19 :
→ Presque toujours faux = 7
→ Habituellement faux = 6
→ Plus souvent faux que vrai = 5
→ Aussi souvent vrai que faux = 4
→ Plus souvent vrai que faux = 3
→ Habituellement vrai = 2
→ Presque toujours vrai = 1

Votre nouveau score : .... / 140
Votre ancien score : .... / 140

Quel bilan faites-vous de l'évolution de ces deux scores ?

....
....
....
....

N'hésitez pas à revoir les notions quand vous le jugerez nécessaire, sans nécessairement approfondir chaque chapitre ou chaque exercice mais essentiellement les éléments qui vous paraîtront utiles à travailler. Il vous est même possible de faire vos propres listes pour vous rappeler comment remédier à certains symptômes.

> → Vous voulez surmonter la peur de l'échec et du succès ? Rendez-vous une nouvelle fois au chapitre 4.
> → Vous désirez travailler sur votre besoin de reconnaissance ? Nous vous retrouverons à nouveau au chapitre 5 !
> → Vous notez à présent un dénigrement des compétences ? N'hésitez pas à revenir au chapitre 6.

Les bilans sont aussi un excellent moyen de vous rappeler que vous avez pu adopter un autre type de pensées concernant votre syndrome de l'imposteur. Cela prouve que c'est possible et que ces alternatives peuvent être efficaces sur le long terme. Les vieilles habitudes ont la vie dure, chasser le naturel et il revient au galop... Lorsque vous constaterez la reviviscence de certains éléments du syndrome de l'imposteur, vous pourrez reprendre les bilans correspondant pour consolider vos nouveaux automatismes de pensées et de comportements.

Et pour vous amener à un état des lieux des croyances et attitudes plus rationnelles et adaptées pour surmonter votre syndrome de l'imposteur, nous vous invitons à réaliser l'exercice « Mes nouvelles croyances » en annexe de ce chapitre. Vous constaterez qu'il s'agit du même exercice que nous vous avions proposé au chapitre 2 (concernant les messages reçus et appris durant l'enfance, p. 60). Vous pourrez comparer par la suite ces nouvelles croyances avec vos attitudes initiales.

> **Mes nouvelles croyances**
>
> → **Consigne**. Dans les cases présentées en annexe, indiquez vos nouvelles représentations des différentes notions en lien avec le syndrome de l'imposteur. Vous pouvez vous référer aux bilans que vous avez réalisés au cours des exercices de ce livre.

1. **Besoin de reconnaissance**
   - Est-ce aussi important que ça pour moi d'être reconnu(e)?
   - Comment puis-je développer une reconnaissance vis-à-vis de moi-même?
   - Sur quoi puis-je me baser pour développer cette reconnaissance vis-à-vis de moi-même et ne pas accorder trop d'importance au regard et au jugement des autres?
2. **Représentation de l'intelligence**
   - Quelle est ma représentation de l'intelligence?
   - Est-elle la même pour tout le monde?
   - À quel point me définit-elle (ou d'autres choses peuvent-elles me définir?)?
3. **Comparaison aux autres**
   - Quelle attitude plus adaptée puis-je adopter pour me comparer aux autres?
4. **Vécu de la réussite**
   - Comment est-ce que j'accepte ma réussite?
5. **Représentation de l'échec**
   - Quelle est ma représentation de l'échec?
   - Quelles conséquences amènent un échec?
6. **Acceptation inconditionnelle de soi**
   - Pourquoi est-ce important de favoriser une acceptation de moi-même de manière inconditionnelle?
   - Comment puis-je procéder?

Vous pourrez vous référer à ce bilan global lors des moments de doute ou lorsque vous sentirez que vos anciennes croyances reprennent le dessus en alimentant votre syndrome de l'imposteur.

Un calendrier de bonnes habitudes

Réaliser les exercices que nous vous proposons est une excellente première étape pour surmonter votre syndrome de l'imposteur. Cela permet de relativiser certaines impressions issues de ce syndrome, de gérer les doutes quant à ses capacités avant la réalisation d'un projet, d'identifier les comportements à problèmes et de favoriser de nouvelles actions plus efficaces sur le long terme et d'apprendre à surmonter l'autodénigrement.

Il convient à présent que vous puissiez observer les nouvelles habitudes que vous pourriez mettre en place pour approfondir ces exercices et remplacer vos comportements initiaux.

Vous avez pu les faire, jusqu'ici, à l'instant *t*, au jour le jour, l'un après l'autre. Il est temps maintenant d'adopter un ensemble de nouveaux comportements alternatifs que vous pourrez observer à la fin de chaque journée.

Les idées peuvent être très variées. Nous vous proposons ainsi ce « calendrier » des bonnes habitudes.

> ### Mon calendrier des bonnes habitudes
> → **Consigne**. En fonction des points que vous souhaitez améliorer et que nous avons pu aborder dans ce livre, notez ces nouvelles attitudes ou ces nouveaux comportements dans votre calendrier, opposés à celles ou ceux que vous mettez en place quotidiennement et qui témoignent de l'expression de votre syndrome de l'imposteur.
> Vous pourrez y réfléchir en fin de journée et cocher chaque jour si vous avez adopté ces comportements alternatifs.
> → **Durée**. 1 mois.

Voici quelques idées en fonction des chapitres que vous avez lus.
Concernant le chapitre 4, la peur de l'échec et du succès :

> ### Exemples de comportements alternatifs
> Je compare mes échecs et mes réussites pour observer ma tendance à me focaliser sur le négatif.
> J'examine mon vécu ou mon anticipation de la honte.
> Je travaille sur la notion de vulnérabilité et j'accepte ma vulnérabilité.
> Je mesure mon sentiment d'efficacité personnel.

Au sujet du chapitre 5, le besoin d'être remarquable :

> **Exemples de comportements alternatifs**
> Je réfléchis à mes qualités ou mes forces au lieu de ma performance ou l'approbation des autres.
> J'observe comment me définir au travers de ma performance ou de l'approbation peut être instable.
> Je compare mes qualités aux autres, pas ma performance.

À partir du chapitre 6, le dénigrement des compétences :

> **Exemples de comportements alternatifs**
> Je me réfère à mes réussites passées dans mon cahier.
> Je prends cinq minutes pour réfléchir à mes réussites de la journée.
> Je réfléchis à ma manière de m'attribuer ma situation.
> Je recherche des attributions internes.
> Je m'inspire de ma comparaison sociale pour évoluer.
> J'identifie la complémentarité de mes compétences et de celles des autres.

Et enfin, pour surmonter le cycle de l'imposteur du chapitre 7 :

> **Exemples de comportements alternatifs**
> Je demande de l'aide quand c'est trop difficile pour moi.
> Je dis non si je suis trop occupé(e).
> Je dis non si je ne m'en sens pas assez capable.
> J'utilise ma fiche SMART pour atteindre mon objectif.
> Je prends un temps de recadrage positif.
> Je prends 5 minutes pour me relaxer pendant une activité.
> Je remplie mon bagage de réussite avant mon activité.
> Je dis merci à un compliment qu'on m'adresse.
> Je m'octroie une récompense après mon succès.
> Je réfléchis aux causes internes de ma réussite.
> Je fais des pauses plaisir entre deux activités.

Vous retrouverez ce calendrier en annexe de ce chapitre. Au bout d'**un mois**, vous reviendrez faire votre bilan personnel. Mais terminez d'abord votre lecture, vous êtes presque à la fin !

> **Quel bilan faites-vous de ce calendrier tenu avec assiduité ?**
>
> ....
> ....
> ....
> ....
> ....

Un peu d'aide ?

Aider son entourage

Dès le premier chapitre, vous avez pu échanger avec une personne de confiance de votre entourage au sujet des manifestations de votre syndrome de l'imposteur et vous avez pu en faire un bilan (que nous espérons positif). Vous avez pu en effet remarquer deux choses :

- ✓ Soit la personne a manifesté de l'empathie à votre égard, a compris ce qui vous arrive, vous soutient, peut-être même se sent concernée. Comme un modèle d'authenticité, votre attitude permet à d'autres personnes de faire aussi cette démarche.
- ✓ Soit la personne a eu des difficultés à vous croire (vous pouvez réessayer ou peut-être trouver une oreille plus attentive) et, dans ce cas, vous pouvez, vous, être une personne empathique, à l'écoute, soutenante lorsqu'une personne vous fera part d'un éventuel syndrome de l'imposteur.

Vous pouvez vous-même exercer un rôle important sur la relativisation d'un syndrome de l'imposteur de la part d'une personne proche. Clance (1992) propose ainsi plusieurs techniques visant à aider et à soutenir des connaissances manifestant un syndrome de l'imposteur et ainsi éviter au mieux les sentiments de frustrations et d'impuissances pouvant émerger.

Puisque les personnes présentant un syndrome de l'imposteur ont tendance à s'engager de manière frénétique dans le travail, tout en envisageant pourtant de vivre une vie plus heureuse, équilibrée et épanouie, il peut être utile de les amener à envisager et réaliser d'autres activités qui peuvent leur procurer du plaisir.

Il serait inutile d'accabler ces personnes de reproches vis-à-vis de leur investissement dans leur travail (ou autres contextes) – vous n'aimeriez pas cela non plus, n'est-ce pas ?

Attitudes à privilégier

- Proposez des activités de groupes/couples qui apportent de la joie, de la détente, du plaisir. Vous pouvez même vous référer à l'exercice vous permettant d'identifier les activités passionnantes !
- Choisissez celles nécessitant le moins d'efforts particuliers et, point important, n'implique pas nécessairement de performance.

De même, vous pouvez aider d'autres personnes présentant le syndrome l'imposteur à prendre le contre-pied de leurs tendances à la dramatisation ou au pessimisme, en leur montrant de l'attention et de la compréhension tout en les aidant à critiquer leurs pensées.

Minimiser les risques n'aidera pas en effet la personne qui manifeste un syndrome de l'imposteur – vous en avez vous-même conscience, une oreille attentive est avant tout une oreille efficace avant d'aider à relativiser. Sachez que le syndrome de l'imposteur peut directement influencer les sentiments d'affection, d'amour ou de respect, ainsi que l'entente entre deux individus (qu'il s'agisse du milieu conjugal, social, familial, etc.).

> **Attitudes à privilégier**
>
> → Interrogez sur les risques potentiels et leur probabilité (échecs, erreurs... être démasqué).
> → Demandez et recherchez si ces risques se sont déjà produits dans le passé et à quelle fréquence.
> → Listez les raisons pour lesquelles le risque peut être évité, avec précision, et préparez des affirmations positives face à l'échec.
> → Demandez de décrire les pires conséquences possibles et leurs probabilités.
> → Assurez la personne de l'amour, de l'affection, du respect témoigné même en cas d'échec.

Les personnes qui ont un syndrome de l'imposteur ont l'impression parfois que les compliments sont vagues, flous, exagérés. La première chose à faire, lorsque vous leur formulez des retours positifs, est d'apporter certaines précisions dans les compliments, de ne pas rester trop vague.

Un compliment trop flou ne permettra de convaincre. Au contraire, un compliment ou une réassurance précise et authentique aidera davantage cette personne à s'y identifier et s'y rattacher.

> **Attitudes à privilégier**
>
> → Soyez précis et honnête dans les compliments, donner des exemples concrets (rendant compte de compétences, qualités... pas seulement sur les performances).
> → Soyez précis dans la manière de rassurer, en comprenant le point de vue issue du syndrome de l'imposteur.

Enfin, il est important de ne pas considérer vos interventions ou vos encouragements comme des échecs si ces derniers ne sont pas efficaces. Cela peut être le signe que l'aide d'un spécialiste est nécessaire et ce, quelles que soient la patience et l'attention dont vous avez pu faire preuve.

> **Attitudes à privilégier**
>
> - N'ignorez pas et ne vous empressez pas de rassurer une personne qui vous fait part de sentiments en lien avec le syndrome de l'imposteur, elle peut ne pas se sentir écoutée et comprise (comme vous l'avez peut-être vécu aussi).
> - Aidez cette personne à reconnaître précisément ce qui lui arrive en lui expliquant qu'il s'agit d'un phénomène répandu dans différents domaines ou milieux et qu'il existe des études à ce sujet.
> - Épaulez, rassurez, encouragez la personne présentant le syndrome de l'imposteur à demander conseil, à ne pas s'isoler et à entreprendre une psychothérapie si besoin.
> - Participez à des séances d'informations ou des séances collectives sur le sujet.
> - N'accablez pas d'informations sur le syndrome de l'imposteur si les personnes ne le souhaitent pas, ne sont pas prêtes, sont trop anxieuses ou si cela les met trop mal à l'aise.

À présent, voici quelques conseils ou techniques pour éviter certains aspects du syndrome de l'imposteur chez les enfants.

Éviter le syndrome de l'imposteur chez les enfants

Le syndrome de l'imposteur peut se retrouver dès le plus jeune âge, notamment dès la scolarité. Plusieurs études sont d'ailleurs actuellement menées pour comprendre ses manifestations et observer son évolution.

Bien que les messages que nous avons décrits dans le chapitre 2 n'influencent pas de façon significative le développement d'un syndrome de l'imposteur chez l'enfant, il est tout de même important de les considérer dans leur manière d'être communiqués puis véhiculés par la famille.

En général, les parents déconseillent à leurs enfants de se vanter devant les autres («sois humble, ne crois pas que tu sois le/la meilleur(e)»). Ceci fait partie de l'éducation de l'enfant, d'autant plus que les enfants ont, au moins pendant quelque temps, envie de se montrer «forts», «puissants» et «bons» dans différents domaines.

Ce processus s'inscrit dans le développement de son identité en tant que personne : personne avec des qualités et des défauts. Néanmoins, la ligne de démarcation entre ce message qui stipule d'être «raisonnable» en parlant de soi, et l'idée que nous ne méritons pas une reconnaissance de nos points forts est très fine.

Puisque nous savons que les messages parentaux peuvent éventuellement amener au développement d'un syndrome de l'imposteur, nous vous suggérons quelques pistes, en lien notamment avec certaines recommandations.

Conseils pour les parents

- → Soyez vrai avec les enfants, ne prétendez rien. Ôtez votre masque avec eux.
- → Incarnez un modèle à suivre en étant authentique, aussi transparent que possible et sincère avec vous-même et les autres.
- → De même, pratiquez autant que possible l'acceptation inconditionnelle – des autres **et** de vous-même.
- → Évitez les mensonges quant aux capacités et aux compétences des enfants sans pour autant sous-estimer les éventualités et possibilités futures.
- → Soyez vigilant dans les critiques et leur formulation afin de les garder précises et constructives.
- → Enseignez-leur à apprendre de leurs échecs et à s'en servir comme moteur d'évolution.

> → Restez réaliste vis-à-vis des buts fixés aux enfants et récompensez les lorsque ceux-ci sont atteints.
> → Soyez précis lors des compliments et des félicitations, basez-vous sur des comportements et des faits concrets, spécifiques.
> → Félicitez les aussi pour ce qu'ils sont, non nécessairement juste pour ce qu'ils font.

I need help!

Parfois, nous n'arrivons pas à surmonter seul notre syndrome de l'imposteur. Bien qu'il ne s'agisse pas d'une maladie, le stress, l'anxiété, les symptômes dépressifs peuvent y être associés, se révéler intenses et impacter de manière importante notre quotidien. Et il arrive que le syndrome de l'imposteur lui-même se manifeste à un trop fort degré pour que la personne qui en souffre puisse parvenir à prendre assez de recul pour réaliser les exercices.

Nous vous avons invité à trouver des proches avec qui vous pourriez travailler sur votre syndrome de l'imposteur, échanger sur vos ressentis. Cela vous permet de vous rendre compte que vous n'êtes pas seul et de recevoir des conseils d'autres personnes concernées. Mais, parfois, nous avons besoin de l'aide d'un professionnel pour nous aider à considérer notre problématique sous un angle différent.

> **L'utilité d'un thérapeute ?**
>
> → Il peut vous aider à être régulier dans la réalisation des exercices fournis.
> → Il sera une oreille attentive pour écouter vos ressentis concernant vos difficultés comme votre évolution.
> → Il pourra mettre en mots, approfondir, restructurer vos pensées automatiques en lien avec le syndrome de l'imposteur afin de vous aider à mettre en place des stratégies alternatives.

Comment trouver un thérapeute ? Étant nous-mêmes d'orientation cognitivo-comportementale, nous considérons ce type d'approche adaptée à une éventuelle prise en charge. Les praticiens de cette orientation sont d'ailleurs de plus en plus sensibilisés à la notion de syndrome de l'imposteur. Cela pourra vous permettre de mettre en pratique :

- ✓ la psycho-éducation que nous vous proposons dans cet ouvrage ;
- ✓ les exercices cognitifs, de pensées ;
- ✓ les exercices comportementaux.

> **Liste des associations régionales de TCC**
>
> Vous pouvez vous référer à la liste des associations régionales de thérapies comportementales et cognitives pour trouver un thérapeute et d'obtenir de l'aide pour surmonter votre syndrome de l'imposteur. Cette liste est disponible à l'adresse Internet suivante : *http://www.aftcc.org/associations-regionales-de-tcc*.

Il vous est de plus possible, sur le site Internet de l'Association française de thérapie comportementale et cognitive, de cliquer sur l'onglet « Trouver un thérapeute ». Vous pourriez obtenir une carte des membres de l'association et être guidé dans votre recherche.

Mon cahier d'exercices

Consolider mes nouveaux acquis face au syndrome de l'imposteur

Auto-observation du masque

→ **Consigne.** Dans le schéma suivant :
- Référez-vous à une situation précise de votre quotidien, en lien avec le syndrome de l'imposteur (elle peut être professionnelle mais aussi personnelle).
- Décrivez dans le premier cercle les émotions qui découlent de cette situation, avec vos mots propres. Il peut s'agir d'un ressenti mais aussi de manifestations corporelles.
- Dans le cercle des pensées, vous pourrez noter ce que vous vous dites sur l'instant.
- Ensuite, indiquez les comportements que vous avez pu mettre en place.
- Enfin, décrivez les personnes que vous pensez avoir trompées.

→ **Durée.** Quelques minutes.

Cessez de vous déprécier !

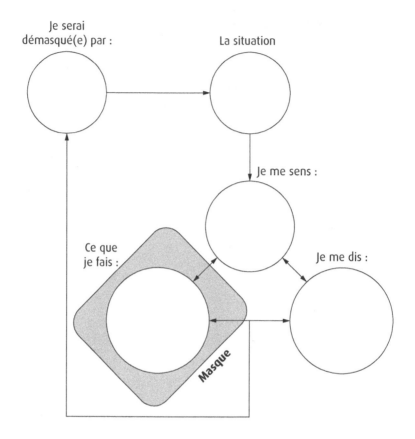

Mon masque au quotidien

→ **Consigne.** Dans le tableau suivant :
- Décrivez, chaque jour, des situations qui illustrent votre tendance à adopter les attitudes du syndrome de l'imposteur, avec un exemple illustratif dans la première colonne.
- Dans les colonnes suivantes, vous pourrez noter le(s) élément(s) décris dans le syndrome de l'imposteur – et si vous avez mis en place un comportement qui masque vos émotions et votre ressenti.

- Ensuite, indiquez un comportement alternatif et les émotions possibles liées à ce comportement alternatif.
- Enfin, imaginez les réactions des autres si vous changiez votre comportement.
→ **Durée.** Une semaine.

Situation	Quel(s) élément(s) du syndrome d'imposteur ?	Est-ce que j'ai mis un « masque » pour cacher mon ressenti ?	Quel comportement alternatif pourrais-je adopter ?	Si j'adopte ce comportement alternatif, je ressens quoi ?	Quelles seraient les réactions possibles provenant des autres si je me comporte de cette manière alternative ?

Je me prépare à affronter mon syndrome de l'imposteur

→ **Consigne.** Dans le tableau suivant :
- Inscrivez, dans la première colonne, les situations qui amènent l'expression de votre syndrome de l'imposteur et qui favorisent son émergence ou ses manifestations ;
- Dans la deuxième colonne, indiquez les personnes qui influencent votre degré de syndrome de l'imposteur. Pour cela, vous pouvez vous référer aux exercices sur la comparaison sociale (chap. 5 et 6) ou encore votre listing de personnes que vous pensez tromper ou qui risque de vous démasquer (chap. 1).
- Décrivez, dans la troisième colonne, les symptômes du syndrome de l'imposteur qui s'expriment (peur de l'échec, peur du succès, besoin d'être remarquable, *superwoman/man*, dénigrement des compétences, cycle de l'imposteur).
- Enfin, dans la dernière colonne, notez les exercices que vous pouvez mettre en place pour relativiser votre syndrome de l'imposteur et les symptômes que vous exprimez, avant, pendant ou après la situation pour favoriser sa relativisation. Vous pouvez vous référer à l'ensemble des chapitres en utilisant les exercices qui vous ont le plus aidé.

→ **Durée.** Quelques minutes sur le coup... mais une excellente préparation pour la suite !

Les situations qui amènent mon SI	Les personnes qui influencent mon SI dans ces situations	Les symptômes de mon SI qui s'expriment	Les exercices que je peux mettre en place pour relativiser mon SI

Consolider mes nouveaux acquis face au syndrome de l'imposteur

Les situations qui amènent mon SI	Les personnes qui influencent mon SI dans ces situations	Les symptômes de mon SI qui s'expriment	Les exercices que je peux mettre en place pour relativiser mon SI

Je refais le test (1)

→ **Consigne.** Pour chaque question, indiquez comment l'énoncé est vrai pour vous.
Il est préférable de donner la première réponse qui vous vient à l'esprit plutôt que de s'arrêter sur chaque énoncé et y penser à plusieurs reprises.
→ **Durée.** Quelques minutes.

	Pas du tout	Rarement	Parfois	Souvent	Tout le temps
1. J'ai déjà réussi un test ou une tâche même si j'avais peur de ne pas la réussir avant de la commencer.					
2. Je peux donner l'impression que je suis plus compétent(e) que je ne le suis réellement.					
3. J'évite si possible les évaluations et j'ai peur que les autres m'évaluent.					

	Pas du tout	Rarement	Parfois	Souvent	Tout le temps
4. Quand les gens me font un compliment sur quelque chose que j'ai réalisé, j'ai peur de ne pas être capable d'être à la hauteur leurs attentes à l'avenir.					
5. Je pense que j'ai obtenu ma position actuelle, ou que j'ai réussi parce qu'il m'est arrivé d'être au bon endroit au bon moment, ou parce que je connaissais les bonnes personnes.					
6. J'ai peur que les personnes qui me sont importantes puissent découvrir que je ne suis pas aussi capable qu'ils le pensent.					
7. J'ai tendance à me rappeler les fois où je n'ai pas fait de mon mieux plutôt que des moments où j'ai fait de mon mieux.					
8. Je réalise peu un projet ou une tâche aussi bien que je voudrais le faire.					
9. J'estime ou je crois que mon succès dans ma vie ou dans mon travail est dû à une erreur.					
10. Il est difficile pour moi d'accepter des compliments ou des éloges sur mon intelligence ou ma réussite.					
11. J'estime que mon succès est dû à la chance.					
12. Je suis déçu(e) de ce qui j'ai pu réaliser jusqu'ici et j'estime que je devrais pouvoir réaliser beaucoup plus.					

	Pas du tout	Rarement	Parfois	Souvent	Tout le temps
13. J'ai peur que les autres découvrent mon véritable manque de connaissance ou manque d'intelligence.					
14. J'ai peur d'échouer à une nouvelle tâche même si je réussis généralement ce que j'essaie.					
15. Quand j'ai réussi à une tâche et qu'on a reconnu mon succès, j'ai des doutes quant à mes capacités de pouvoir continuer à réussir.					
16. Si je reçois beaucoup d'éloges ou de reconnaissance pour quelque chose que j'ai réalisé, j'ai tendance à minimiser l'importance de ce que j'ai fait.					
17. Je compare mon intelligence à ceux qui m'entourent et je pense qu'ils sont peut-être plus intelligents que moi.					
18. Je m'inquiète de ne pas réussir à un projet ou à un examen, bien que mon entourage ait une confiance absolue en ma réussite.					
19. Si je vais recevoir une promotion ou une reconnaissance de quelque sorte, j'hésite à le dire aux autres jusqu'à ce que ce soit un fait accompli.					
20. Je me sens mal et découragé(e) si je ne suis pas « le (la) meilleur(e) » ou au moins « remarquable » lorsqu'il faut réussir.					

Je refais le test (2)

→ **Consigne.** Indiquez une seconde fois à quelle fréquence chaque affirmation suivante est vraie ou fausse pour vous.
→ **Durée.** Quelques minutes.

	Presque toujours faux	Habituellement faux	Plus souvent faux que vrai	Aussi souvent vrai que faux	Plus souvent vrai que faux	Habituellement vrai	Presque toujours vrai
1. Quand quelqu'un me fait un compliment, je suis plus attentif au plaisir que ça me fait qu'au message à propos de mes capacités, mes atouts.							
2. Je me sens valable, même si j'échoue à certains objectifs importants pour moi.							
3. Quand je reçois une critique négative, je la prends comme une possibilité d'améliorer mon comportement ou ma performance.							
4. Je pense que certaines personnes ont plus de valeur que d'autres.							
5. Faire une grosse erreur peut être décevant mais ne change rien à ma perception globale de moi-même.							

Consolider mes nouveaux acquis face au syndrome de l'imposteur

	Presque toujours faux	Habituellement faux	Plus souvent faux que vrai	Aussi souvent vrai que faux	Plus souvent vrai que faux	Habituellement vrai	Presque toujours vrai
6. Parfois je me demande si je suis une bonne ou une mauvaise personne.							
7. Pour me sentir valable, je dois être aimé(e) par les personnes importantes pour moi.							
8. Quand je me fixe des objectifs, tenter d'atteindre le bonheur est plus important que de me prouver quelque chose.							
9. Je pense qu'être doué(e) pour beaucoup de choses fait de quelqu'un globalement une bonne personne.							
10. Mon sentiment de valeur dépend des comparaisons que je fais entre moi et les autres.							
11. Je crois que je suis valable simplement parce que je suis un être humain.							
12. Quand je reçois une critique négative, je trouve souvent difficile de rester ouvert(e) à ce que dit la personne à mon sujet.							
13. Je me fixe des buts qui j'espère prouveront ma valeur.							

	Presque toujours faux	Habituellement faux	Plus souvent faux que vrai	Aussi souvent vrai que faux	Plus souvent vrai que faux	Habituellement vrai	Presque toujours vrai
14. Être mauvais(e) dans certains domaines fait diminuer mon sentiment de valeur personnelle.							
15. Je pense que les personnes qui réussissent ce qu'elles font sont des personnes particulièrement valables.							
16. Pour moi les compliments sont plus importants pour m'indiquer mes qualités que pour me prouver ma valeur personnelle.							
17. Je pense être une personne de valeur même quand les autres me désapprouvent.							
18. J'évite de me comparer aux autres pour savoir si je suis une personne ayant de la valeur.							
19. Si je suis critiqué(e) ou que j'ai un échec, ma perception de moi-même se dégrade							
20. Je ne pense pas que ce soit une bonne idée de juger ma valeur en tant qu'être humain.							

Mes nouvelles croyances

MON NOUVEAU MESSAGE :
« Je ne suis pas un imposteur (du moins, pas aujourd'hui !). »

BESOIN DE RECONNAISSANCE	REPRÉSENTATION DE L'INTELLIGENCE	ACCEPTATION INCONDITIONNELLE DE SOI
....	....	....
....	....	....
....	....	....
....	....	....
....	....	....
....	....	

COMPARAISON AUX AUTRES	REPRÉSENTATION DE L'ÉCHEC
....	....
....	....
....	....
....	VÉCU DE LA RÉUSSITE
....	....
....	....
....	....

Mon calendrier des bonnes habitudes

→ **Consigne.** En fonction des points que vous souhaitez améliorer et que nous avons abordés dans ce livre, notez ces nouvelles attitudes ou nouveaux comportements dans votre calendrier, opposés à celles ou ceux que vous mettez en place quotidiennement et qui témoignent de l'expression de votre syndrome de l'imposteur.

- Vous pourrez y réfléchir en fin de journée et cocher chaque jour si vous avez adopté ces comportements alternatifs.

→ **Durée.** Un mois.

Mes nouveaux comportements pour le mois de : ....

Cessez de vous déprécier !

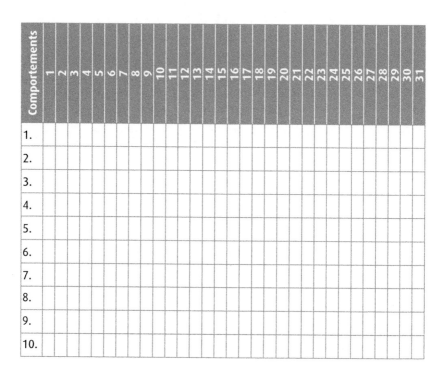

Conclusion

Vous avez fait du chemin depuis le début !

Ce syndrome de l'imposteur, vous avez pu en parler autour de vous, vous avez pu l'identifier, vous avez pu le mesurer. Vous avez pu en comprendre aussi les origines ainsi qu'observer ses manifestations dans votre quotidien, au jour le jour, avec du recul mais aussi en pleine action.

La première étape, pour surmonter son syndrome de l'imposteur, est d'abord de le reconnaître et de l'accepter. C'est bien la raison principale pour laquelle nous avons opté pour de nombreuses auto-observations.

Le partager et lui ôter son caractère secret est une autre étape importante – et nous avons joué carte sur table dès le début – pour le dédramatiser et se rendre compte que beaucoup de personnes peuvent se sentir concernées.

Les étapes suivantes ont ensuite suivi leur cours à votre rythme en fonction des symptômes que vous (ou avez pu) manifestez pour adopter de nouvelles habitudes – qui prennent souvent le contre-pied d'automatismes ancrés depuis longtemps mais qu'il est possible de remplacer avec le temps.

Souvenez-vous de ces étapes, chacune est importante, et rappelez-vous que vous pourrez de nouveau les réaliser si votre syndrome réapparaît. Après tout, vous l'avez fait une fois, il sera donc plus facile de les réaliser par la suite pour relativiser une nouvelle fois votre syndrome de l'imposteur.

Les études empiriques continuent d'apporter des informations pertinentes à la fois sur l'apparition de ce syndrome, sa fréquence, ses manifestations cognitives, comportementales ou émotionnelles, ainsi que sur les méthodes de prises en charge. Nous avons ici cherché à regrouper les exercices les plus pertinents au regard des dernières recherches en psychologie, notamment en les liant à l'acceptation inconditionnelle de soi. Il y a certainement d'autres moyens pour le surmonter, des moyens auxquels nous n'avons pas pensé – cela fait-il de nous des imposteurs pour autant ? Nous espérons que ce livre vous aura été utile, autant qu'il a pu l'être pour nous en le rédigeant.

Mais si, finalement, vous souhaitez alimenter ou intensifier votre syndrome pour devenir le meilleur imposteur, nous vous avons concocté une liste de conseils – dont certains sont repris d'Ellis et MacLaren (2005).

Comment devenir un meilleur imposteur ?

(ou comment exprimer son syndrome au maximum)
- Ne soyez jamais authentique et n'exprimez jamais votre point de vue. Gardez votre masque coûte que coûte, 100 % du temps.
- Présumez que l'échec ou le rejet sont les choses les plus épouvantables qui puissent vous arriver et que vous ne pourriez pas les supporter.
- Ne prenez surtout aucun risque au cours de votre vie.
- Considérez que les événements arrivent quoi qu'il en soit du fait de circonstances externes exclusivement, en considérant que vous ne pourrez pas changer ou agir sur les choses – la vie est contrôlée de toute façon par les forces externes, notamment les situations et les autres personnes.
- Exigez la compétence totale, à 100 %, dans toutes vos actions – demandez la perfection de vous-même en toutes circonstances. Si vous n'y arrivez pas, flagellez-vous pour votre incompétence.
- Demandez l'approbation totale de quasiment toutes les personnes que vous connaissez, et même de celles que vous ne connaissez pas.
- Considérez-vous comme quelqu'un de complètement nul(le) à la moindre erreur et laissez de côté toutes vos réussites pour alimenter cette croyance.

Conclusion

- → Admettez à 100 % et avec conviction qu'une seule erreur ou un seul échec suffit à vous définir comme un imposteur à jamais.
- → Ne tirez surtout pas d'enseignement de vos échecs.
- → Fixez-vous des objectifs élevés, très élevés, sans étape, à réaliser dans des laps de temps très courts.
- → Définissez-vous exclusivement par rapport à vos réussites et vos échecs, en laissant de côté vos qualités, vos forces et vos valeurs. Considérez que le plus important, c'est la performance.
- → Voyez-vous comme quelqu'un d'inférieur aux autres en étant centré exclusivement sur vos faiblesses ou vos lacunes.
- → Ne portez aucune attention particulière à vos succès, ne soyez pas fier/fière ou satisfait(e) et ne vous récompensez jamais pour vos réussites.
- → Considérez que le plaisir, tant dans les activités obligatoires que les activités loisirs, est une perte de temps ou est sans valeur. Mieux vaut être stressé(e), c'est plus efficace.
- → N'acceptez jamais les compliments que vous recevez. Minimisez-les, normalisez vos réussites, en restant sur votre position que l'autre a tort et qu'il n'a pas le droit d'avoir ce point de vue positif sur vous. Vous avez en effet absolument raison, à tout point de vue, et l'autre se trompe, c'est certain.
- → Trouvez une raison (n'importe laquelle) pour vous justifier, vous et tout ce que vous faites, et refusez de changer le moindre comportement.
- → Présumez que si vous êtes un imposteur et que vous avez échoué ou mal fait dans le passé, vous devriez continuer ainsi pour le reste de votre vie.

Concluons avec les éléments qui nous paraissent fondamentaux pour se libérer de ce syndrome – comme des *leitmotive* à se répéter :

- → **Nous pouvons prendre des risques** : un échec ou une erreur est un manque d'efficacité à l'instant *t*, pas une preuve de nullité ou d'imposture. Les personnes performantes se servent aussi de leurs faiblesses pour avancer. Serait-il possible de se servir de ces personnes comme modèle et source d'inspiration ?

- → **Nous pouvons nous baser sur les indices objectifs de réussite**, quel que soit le domaine, au-delà du filtre du syndrome de l'imposteur qui fausse leur interprétation. Et nous pouvons *nous* féliciter pour cela sans prétention ! Pourquoi minimiser, normaliser, refuser des éléments positifs qui nous arrivent ?
- → **Nous pouvons nous fixer des buts plus modestes**, fractionner les tâches difficiles ou anxiogènes en plusieurs parties, hiérarchiser, trouver du plaisir dans les activités pour les atteindre à un rythme raisonnable – cela ne fait pas de nous des imposteurs pour autant mais plutôt des personnes à l'écoute d'elles-mêmes.
- → **Nous sommes tous faillibles**. Nous sommes tous imparfaits. Nous sommes en soit tous… humains, avec nos défauts et nos qualités, nos forces et nos faiblesses. Nous sommes tous différents dans bien des domaines ! Mais être ou faire différemment signifie-t-il pour autant être un imposteur ?

Et vous, quelle dernière conclusion tirez-vous de tous ces exercices ? À quel point êtes-vous, finalement, un imposteur ?

Quel bilan sur mon syndrome de l'imposteur ?

....
....
....
....
....

Bibliographie

André, C. (2006). *Imparfaits, libres et heureux*. Paris : Odile Jacob.

André, C., & Lelord, F. (2008). *L'estime de soi. S'aimer pour mieux vivre avec les autres*. Paris : Odile Jacob.

Brown, B. (2014a). *La force de l'imperfection*. Paris : Leduc. S. Éditions.

Brown, B. (2014b). *Le pouvoir de la vulnérabilité. La vulnérabilité est une force qui peut transformer votre vie*. Paris : Guy Trédaniel éditeur.

Brown, B. (2015). *Dépasser la honte. Comment passer de « Que vont penser les gens ? » à « Je suis bien comme je suis »*. Paris : Guy Trédaniel éditeur.

Cannone, B. (2009). *Le sentiment d'imposture*. Paris : Gallimard.

Chapelle, F., & Monié, B. (2007). *Bon stress, mauvais stress : mode d'emploi*. Paris : Odile Jacob.

Clance, P. R. (1992). *Le Complexe d'imposture. Ou Comment surmonter la peur qui mine votre sécurité*. Paris : Flammarion.

Ellis, A., & Harper, R. A. (2007). *La thérapie émotivo-rationnelle*. Genève : Ambre.

Ellis, A., & MacLaren, C. (2005). *Rational Emotive Behavior Therapy: A Therapist's Guide (2nd Edition)*. Atascadero, California USA : Impact Publishers.

Fanget, F. (2011). *Affirmez-vous ! Pour mieux vivre avec les autres*. Paris : Odile Jacob.

Hanson, R., & Mendius, R. (2011). *Le cerveau de Bouddha. Bonheur, amour et sagesse au temps de neurosciences*. Paris : Les Arènes.

Mirabel-Sarron, C., & Chidiac, N. (2012). *Bien gérer son temps. Pour vivre mieux*. Paris : Odile Jacob.

Nazare-Aga, I. (2015). *Je suis comme je suis*. Montréal : Les Éditions de l'Homme.

Seligman, M. (2013). *Vivre la psychologie positive*. Paris : InterÉditions.

Young, V. (2011). *The Secret Thoughts of Successful Women: Why Capable People Suffer from the Impostor Syndrome and How to Thrive in Spite of It*. New York : Crown Business.

44400 Rezé

77716 – (I) – OSB 90° – PCA – JOE
Dépôt légal : septembre 2016 – Suite du tirage : janvier 2018

Achevé d'imprimer par Dupli-Print à Domont (95)
N° d'impression : 2017121911
www.dupli-print.fr

Imprimé en France